新たな学びの構築へ

コロナ危機から構想する学校教育

田中真秀／菊地栄治／中田正敏
末冨芳／澤田稔

教育文化総合研究所 編

目　次

第1章　コロナ危機と学校教育　その課題と展望
　　　　田中　真秀……………………………………………………………… 5

第2章　〈ポストコロナ〉を問い直す
　　　　──ケア／「他人事≒自分事」／ゆたかな学び──
　　　　菊地　栄治…………………………………………………………… 17

第3章　危機的状況における学校づくり
　　　　中田　正敏…………………………………………………………… 29

　　　特別寄稿
　　　新型コロナウイルスパンデミックの経験ごときで
　　　日本は変わらない　──パンデミックにかかわらず実現すべき政策
　　　　末冨　芳……………………………………………………………… 71

第4章　子ども・若者のwell-beingに向けた
　　　　「社会的に公正な教育（Socially Just Education)」の構想へ
　　　　──コンピテンシー・インクルージョン・デモクラシーを鍵概念として──
　　　　澤田　稔………………………………………………………………79

第1章
コロナ危機と学校教育　その課題と展望

田中　真秀

1. はじめに

　2019年末に発生した「新型コロナウイルス（COVID-19）（以下「新型コロナ」）」が学校教育に与えた影響は何だったのか。現在も「新型コロナ」に対する脅威は続き、日本だけでなく世界中に蔓延し続けている。経済の停滞やリモートワーク（在宅勤務）等の新たな勤務形態、「非常事態宣言」による一部の業種においては自粛がある中、学校は2020年春に実施された全国一斉休校後は、「不要不急」ではないと判断され活動自粛とはなっていない。つまり、学校は通常に近い形で活動をすることとなった。しかし、現実の学校の状況は、「通常通り」とはいかず、多くの問題点を抱えている。授業形態一つをとっても、小中学校・高等学校は対面授業がなされているが、大学や大学院では対面授業の他、オンライン授業も導入されている。オンライン授業といっても、同時双方向型の場合もあれば、リアルタイムに教員と学生が交流できないオンデマンド型の場合もある。また、対面授業といっても、校種や規模によって、受講生を半分ずつにして授業を行うといった形態をとる等、対応は様々である。これら新しい授業形態は、これまでの授業の質が担保できているのかといえば甚だ疑問が残る。大学でのオンデマンド型の授業の中には、学生からの質問に教員が応答することのないまま、授業期間が終わってしまう場合もあり、学生の授業への不満、大学に通う意味の問い直しにもつながっている。一方で、大学教員にとっては、これまでと異なる授業方法により、全ての受講生に対してのフォローを行うことに、通常の3倍以上の授業準備期間をかけているが、効果が見えにくいといった悩みもある。

　このように、「新型コロナ」における学校教育の課題は少しずつ明らかになっている。本論では、日教組による調査結果等から、「新型コロナ」による学校教育の新たな問題は何かを整理することを目的とする。

　さて、「新型コロナ」による学校への影響は、「様々な背景を持つ子どもたち」に対する「学びの保障」が根本から問い直されたことではないだろうか。特に、「新型コロナ」における全国一斉休校の際には、自治体や家庭の状況によって、子どもの教育環境に「差」が生じることがより明確になった。例えば、一人1台タブレット配布をしている自治体・学校ではICTを活用した講義形式の課題が出された。一方で、ICTの環境のない学校・家庭では、紙による宿題が課されていた。ICTを用いた課題と紙による課題のどちらが優れているのかは単元や内容にもよるので一概に言えない。しかし、講義形式の授業動画が活用できる点やICTを用いて教員と交流できるといった点においては、ICT環境が整備されている方が良いのではないだろうか。

　また、一斉休校の際、家庭状況に関して言えば、家庭での居場所がない子どもや、子どもへの「虐待」の増加が懸念されるケースが生じた。一方で、学校が再開した時に、長期休校の結果、学校に馴染めない子どもの存在も明らかとなった。同時に、学校再開の際は、学校で「安全・安心な環境」を提供できるのか、子どもの「命」の側面から危機管理がより問われることとなった。このことは、「教育の保障」と「子どもの命を守ること」がこれまでは学校の機能として両立していたが、根底から揺らぐ事態を意味している。

　つまり、「新型コロナ」によって学校教育は、「子どもの教育の保障はできているのか」、「安全管理は可能か」、「教育課程編成の見直し」、「学校の自治が保たれない事態に陥る（例：一斉休校）」といった、これまでは並列に扱われてこなかった事案に同時に対応しなければならず、それによる複数の課題が浮かび上がってきた。

2. 「新型コロナ」における学校の問題点

　そこで、日本教職員組合による『新型コロナウイルス感染症に関する学校の対応について』（以下、調査1）[註1] と『「学校再開に伴う感染症対策・学習保障等に係る支援経費」に関する緊急調査』（以下、調査2）[註2] の調査結果から見出される重要な指摘について整理する。

2.1　新たな学校環境による教職員と子どもの「負担」増加

　はじめに、調査1によると、「授業時間の確保」をするために、「授業時間数を増やす（17.5％、％の割合は全体の回答について記述している）」学校がある一方で、増やしていない学校もある。「授業時間数を増やす」学校の中でも、「授業時間を週1日増やす（44.6％）」学校や「週2日以上増やす（42.6％）」学校もあり、その形態は様々である。他には「土曜授業を実施している（8.2％）」学校や「冬休みの期間を短縮する（28.6％）」学校もある等、子どもが本来、学ぶべき教育内容を確保するために、自治体・学校によって様々な工夫がなされている。この点における課題は何であろうか。

【調査1】

Q1　【1】「月〜金曜日」、7時間授業等の実施等、1日の授業時数を増やしていますか。

		全体	I 小学校	II 中学校等	III 高校等	IV 特支
⑦	授業時数を増やしている学年がある。	202	85	102	14	1
		17.5%	17.0%	22.7%	8.4%	2.8%
④	どの学年も授業時数は増やしていない。	950	414	348	153	35
		82.5%	83.0%	77.3%	91.6%	97.2%
	合　計	1,152	499	450	167	36

Q1　【2】時数を増やしている日数について

		全体	I 小学校	II 中学校等	III 高校等	IV 特支
⑦	授業時数を増やしているのは週あたり1日のみである。	90	39	51	0	0
		44.6%	45.9%	50.0%	0.0%	0.0%
④	授業時数を増やしているのは週あたり2日以上である。	86	34	41	10	1
		42.6%	40.0%	40.2%	71.4%	100.0%
⑦	その他（記述）	26	12	10	4	0
		12.9%	14.1%	9.8%	28.6%	0.0%
	合　計	202	85	102	14	1

Q2　【1】今年度、臨時休業の対応として、土曜授業を実施していますか。

		全体	I 小学校	II 中学校等	III 高校等	IV 特支
⑦	実施している。	94	40	40	14	0
		8.2%	8.0%	8.9%	8.4%	0.0%
④	実施していない。	1058	459	410	153	36
		91.8%	92.0%	91.1%	91.6%	100.0%
	合　計	1,152	499	450	167	36

Q6　今年度の「冬休み」が短縮される予定はありますか。

		全体	I 小学校	II 中学校等	III 高校等	IV 特支
⑦	短縮される予定である。	330	137	139	46	8
		28.6%	27.5%	30.9%	27.5%	22.2%
④	変更はない。	819	362	310	119	28
		71.1%	72.5%	68.9%	71.3%	77.8%
⑨	延長される予定である。	3	0	1	2	0
		0.3%	0.0%	0.2%	1.2%	0.0%
	合　計	1,152	499	450	167	36

　子どもにとっては1日当たりの授業時間が増えること、長期休みが短縮されることによる物理的な負担がある。一斉休校期間が長期休みであったと主張する人もいるが、不安な中での休校生活であったため、通常の夏休みや冬休みといった長期休みとは異なる実態であった。また、学校再開後には、生活の乱れによる遅刻や保健室登校が増加する傾向もあり、そのような不安定な中、授業時間数の増加は心身ともに子どもにとって負担になる可能性がある。

　教員にとっても授業時間の増加や長期休みの短縮は、物理的な「負担」となり、それをいかに克服するのかということが重要となる。授業時間が増加するだけでなく、教員はICT導入による新たな環境整備や教材づくりによる負担がある一方で、安全管理のために机や椅子の消毒、「新型コロ

Q9　新型コロナウイルス感染症対策として、新たな業務や特別な対応をしていることについて。

		全体	小学校	中学校等	高校等	特支
1	消毒	1,097	481	425	155	36
		95.2%	96.4%	94.4%	92.8%	100.0%
2	清掃	433	213	153	50	17
		37.6%	42.7%	34.0%	29.9%	47.2%
3	検温	1,012	441	407	129	35
		87.8%	88.4%	90.4%	77.2%	97.2%
4	新しい生活様式指導	871	396	328	121	26
		75.6%	79.4%	72.9%	72.5%	72.2%
5	補習	97	42	36	18	1
		8.4%	8.4%	8.0%	10.8%	2.8%
6	保護者含外部対応	301	130	122	35	14
		26.1%	26.1%	27.1%	21.0%	38.9%
7	課題作成	438	175	174	75	14
		38.0%	35.1%	38.7%	44.9%	38.9%
8	その他	※V　調査結果　7．に記述				

全体	小学校	中学校等	高校等	特支
1,152	499	450	167	36

ナ」により学校に来られない児童生徒への対応も新たな仕事となった。調査1・Q9によると、消毒（95.2%）、検温（87.8%）のほか、課題作成、清掃、外部対応も新たな業務や特別な対応として行っている。

　また、休校の際の教育環境が自治体ごとに異なり、様々な環境に置かれている子どもたちに対する支援や個別指導は、これまで行ってきた教育や支援・指導では立ち行かなくなる場合があり、それらの新たな対応策も教員が担わなければならない。現在は、緊急事態であるとの認識により教職員への負担が課されているが、昨今の「働き方改革」の流れに逆行する状態であることを認識し、「新型コロナ」による新たな対応への「負担」をいかに解消するのかを一つの論点とする必要があるのではないか。

2.2　授業内容の見直しと授業内容の保障

　次に「中止された活動等があるのか」という点に着目する。調査1・Q5の結果によると、PTA活動（70.5%）、授業参観（55.8%）、家庭訪問（49.0%）、宿泊・校外学習（45.2%）の中止の割合が高い。他にも運動会や体育祭（27.9%）を中止している。一方で、中には、体育祭・運動会を学年で実施する、修学旅行を県内での宿泊活動や校外学習に代替するといった工夫

Q5　2020年度の学校行事について、中止したものをすべてチェックしてください。

		全体	小学校	中学校等	高校等	特支			全体	小学校	中学校等	高校等	特支
1	入学式	69	21	21	19	8	9	水泳大会	293	227	59	3	4
		6.0%	4.2%	4.7%	11.4%	22.2%			25.4%	45.5%	13.1%	1.8%	11.1%
2	卒業式	4	1	2	1	0	10	授業参観	643	275	299	53	16
		0.3%	0.2%	0.4%	0.6%	0.0%			55.8%	55.1%	66.4%	31.7%	44.4%
3	終業式	72	26	27	14	5	11	家庭訪問	564	309	229	18	8
		6.3%	5.2%	6.0%	8.4%	13.9%			49.0%	61.9%	50.9%	10.8%	22.2%
4	修了式	33	12	13	5	3	12	鑑賞教室	398	213	130	50	5
		2.9%	2.4%	2.9%	3.0%	8.3%			34.5%	42.7%	28.9%	29.9%	13.9%
5	運動会体育祭	321	139	90	69	23	13	宿泊・校外学習	521	201	228	70	22
		27.9%	27.9%	20.0%	41.3%	63.9%			45.2%	40.3%	50.7%	41.9%	61.1%
6	遠足	435	221	116	86	12	14	音楽会	411	251	139	14	7
		37.8%	44.3%	25.8%	51.5%	33.3%			35.7%	50.3%	30.9%	8.4%	19.4%
7	修学旅行	286	77	168	30	11	15	PTA活動	812	374	316	103	19
		24.8%	15.4%	37.3%	18.0%	30.6%			70.5%	74.9%	70.2%	61.7%	52.8%
8	球技大会	201	62	66	67	6							
		17.4%	12.4%	14.7%	40.1%	16.7%							

全体	小学校	中学校等	高校等	特支
1,152	499	450	167	36

をして、少しでも実施をしようとする場合もある。PTA活動や授業参観、家庭訪問がなされないことは、保護者にとっては学校での取り組みや活動を知る機会が少なくなるので、学校によっては、学校だよりの発行を増やすといった対応をすることで、保護者の不安を軽減する学校もある。

さて、中止した活動の中でも子どもの学びに関する内容においては、「子どもへの教育の保障をどのように考えるのか」という指摘ができよう。例えば、全国一斉休校（2か月間）期間の教育の保障については、自治体によって対応が異なる結果となった。全国一斉休校そのものが「地方教育行政」の在り方を問い直すきっかけとなったが、「地方教育行政」であることは、学校教育の対応が自治体ごとに異なることをある程度容認していることを意味する。インターネット等を用いたオンライン授業の実施に関しては、自治体によるICT環境の差が顕著に表れた事例であった。「授業内容の質保証」と「環境整備の保障」の責任は誰なのかといった点も問い直す必要があるのではないか。

この点において、議論する必要があることは「学習指導要領に則った子どもへの教育をいかに考え、保障するのか」という点である。例えば、学習指導要領の弾力的な運用をさらに促進させるのかということを真剣に考えなければならない。学習指導要領を弾力的に運用するとなると、入試等の出題範囲の調整や今後の学校教育内容の見直しも必要となる。これは、各学校種において考えるのではなく、学校種の接続を意識し、各学校段階がどこまで教育の質を保障するのかを議論することで、問題点を解消することにつながるのではないか。

しかし、上記にもあるように、夏休みや冬休み等の長期休業期間を授業時間に充てることで対応することは、「その場限り」の時間確保の対応になっているのではないだろうか。

これらの課題は、同時に「学習指導要領の運用と教育課程編成権の問題」につながる。「新型コロナ」に関する一斉休校期間の指導内容が、全て当該年度に行えない場合、どのように対応するのかという点にもつながる（調査1・Q4によると、授業内容を次年度以降に実施予定である学校は2.5％と少数であるが存在する）。今年度、全ての授業内容を終えることに終始してしまい、実際に子どもたちが授業速度についていけなくても学習指導要領の内容を進める授業展開となり、結果、子どもたちの学びの保

障がなされていない例もある。

　各学校が教育課程の「自主編成権」について理解し、目の前の子どもの実態に合わせた授業と支援を構築できるような環境や条件整備が必要になるのではないか。

Q4　今年度の授業内容を来年度以降に実施する予定はありますか。

		全体	I 小学校	II 中学校等	III 高校等	IV 特支
⑦	来年度以降に実施する予定である。	29	8	17	4	0
		2.5%	1.6%	3.8%	2.4%	0.0%
④	今年度中にすべての授業を実施する予定である。	1087	479	417	158	33
		94.4%	96.0%	92.7%	94.6%	91.7%
⑦	その他（記述）	36	12	16	5	3
		3.1%	2.4%	3.6%	3.0%	8.3%
	合　計	1,152	499	450	167	36

2.3　学校が「第二次補正予算」に求めたものは何か

　次に、調査2の結果をもとに「第二次補正予算」について示す。

　調査2によると、「学校再開支援費」で購入したものの多くは「消毒用アルコールやせっけん」、「マスク、ペーパータオル」、「エアコン、空気清浄機」、「体温計」等の安全に対する物品であった。確かに、感染対策に必要な物品を確保していなければ、学校が「安全な場」として機能せず、多くの子どもが感染をしてしまうと、その家族にも広がるなど感染拡大してしまうことになる。また、網戸や空調設備が機能していない学校もあり、これらを整備するといった対応は、学校を再開させるためには必要であったといえよう。

　一方で、授業に必要なPCやタブレット、Wi-Fi設備、デジタル教科書等を揃えた学校もあり、こういった学校では授業に関わる環境の保障を行っているといえよう。

　しかし、安全に関する「物品」を購入するための費用だけでなく、それらを活用するための「人的な支援」が必要ではないだろうか。実際に、検温や消毒、不登校になった児童生徒への支援といった対応を教員が行っている状態である。また、1クラスを少人数に分けて対応している学校もあり、その教育も全て教員が担っている。通常の業務よりも多くの業務が課されている中で、教職員数の増加がないことは、一人ひとりの負担増加を

意味する。「新型コロナ」感染防止における画期的な対応策が見えない状況では、「消毒」や「清掃」といった対応は引き続き必要となり、こういった内容を継続して実施していくためには、教職員が疲弊しないような工夫が必要ではないか。消毒用アルコールやマスクといった消耗品に予算がかけられたが、継続した支援にも予算が必要である。

【調査2】

「学校再開支援費」で購入したもの、購入予定のもの（業務委託費も含む）

購入（予定）のもの等	回答数
消毒用アルコール、消毒用石鹸	328
マスク、フェイスガード、使い捨て手袋、ペーパータオル	185
エアコン、扇風機（体育館用大型扇風機）、空気清浄機	147
非接触体温計、体温計、体温測定用サーモグラフィー	98
網戸	27
PC、タブレット、wifi設備	25

　今回の第二次補正予算の問題点である、学校が本当に求めている物が整備されなかった場合があることの理由として、教育委員会の中には、学校の意見聴取をしていないケースがあったためであろう（調査2より）。調査1の中には、感染予防策として感染疑いのある児童生徒の輸送手段の確保も必要等の意見もあったが、このような学校ごとの状況に合わせた「予算」の活用が必要であったのではないか。

「学校再開支援費」の職場での取り扱いについて

選択項目	回答数
㋐分会をはじめ職場の要望をまとめ教委に要望した。	179
㋑校長が教委に要望した。	93
㋒教委は、学校の要望を聴取していない。	63
㋓その他（記述）。	41
㋔その他「わからない、知らない」。	8

3. おわりに

　今回の「新型コロナ」における対応は、「学校教育において『何を優先する』のか」を問い直すきっかけとなった。極論を言えば、「命」が一番大切であり、「命」に代わるものはない。一方で、子どもたちが今後、自分の人生を生きるために、「学びを保障」する必要があり、それを保障しているのが学校制度である。

　ここで、問い直したいことは「①学校で授業を行うことが教育を保障することなのか」、また「②『教育を受ける権利』の保障とは学習保障を行うことなのか」である。

　①については、「3密」が怖いことから、学校再開の延期を呼び掛ける署名が児童生徒主体で行われたり、感染症予防のために、子どもを登校させない保護者がいたりする実態もある中で、学校で授業を受ける以外での「教育の保障」の在り方を模索する時にきているのではないか。通常は、学校教育による学びの保障が「公教育」それ自体であるが、「新型コロナ」のような非常事態における「学校に代わる教育機能の整備」が必要ではないだろうか。

　②は、個々の子どもたちの学びを保障する体制づくりをいかに考えるのかということである。例えば、「新型コロナ」により家計の状況が急変した学生などへの緊急対応措置として、「学生支援緊急給付金」や「緊急授業料減免」等がなされた。このような経済的な保障とともに他に行う保障はないのか。

　最後に、「新型コロナ」によって、これまでの学校の危機管理に大きな変化が生じた。これまでの危機管理は、自然災害や学校事故など目に見える事象に対する危機管理に焦点が当てられてきた。特に、学校の安全性の確保や地震といった災害による危機への予防・対応策が行われてきた。これらの危機は、地域特有のもの・地方に限定された「危機」であり、日本全国において一律に陥る危機ではなかった。

　特に、これまでの「危機管理」は、①自然災害といった「危機」への対応、②生徒指導における「危機」への対応、③物的・人的「危機」への対応、④感染症等の「危機」に対する対応が主であった。①自然災害に対する「危機」は、防災教育として学校では扱われ、いつ発生するのかわから

ないという反面、前もって対応できることは地域とともに行うといった地域色の強い「危機」であったと捉えることができる。②生徒指導における「危機」は、荒れた学校やいじめ問題として取り上げられ、子どもにおける「危機」として、学校としては、「いじめ対策防止委員会」を設置する等の対応がなされてきた。③物的・人的な「危機」に対しては、学校は不審者対策等の対応マニュアルを作成する等の対応、アレルギーに対する「危機」は、学校全体（教職員）でエピペンの使用の研修を行う等の対応を行い、想定できる「危機」に対して、研修会やマニュアルを作成する等の事前にできることと、「危機」が生じた際にどのように対応するのかが念頭に置かれて対応されてきた。④感染症といった「危機」に着目すると、学校保健安全法第19条では、児童生徒等の感染症予防の観点により児童生徒の「出席停止」、同法第20条では、学校の全部（学校閉鎖）または一部（学級閉鎖等）の休業が規定され、インフルエンザでは出席停止等の対応がなされてきた。また、SARS、MERSの流行の際には、部分的に「休校」措置は取られたが、日本全体が一斉に休校という措置が取られたことはなかった。

　今回の「新型コロナ」はこれまでの学校での感染症に対する対応では立ち行かなくなる事態に陥ることとなった。「新型コロナ」は「法定伝染病」に含まれておらず、法的な対応ができないといった課題があり、子どもの危機を守るはずの法律が柔軟に対応できないという課題を露わにした。

　政府・首相による一斉休校措置の要請は、「子どもの命」を守るという意味では必要であったのかもしれないが（一方で、全国一斉休校の妥当性の医学的見地による検討は取り扱わない）、この点は教育の原則を二重に侵すものであった。一点目は「教育の地方自治の原則」を、二点目は「教育の政治的独立性の原則」を侵すものであった。「子どもの命を守る」ためにという判断は、「命」ということで「仕方がない」と解釈できるのかもしれないが、しかし、学校教育制度の原則を侵すことが適切だったのかは、教育行政学の視点であえて検証する必要がある。地方分権をはじめ首長と首相の関係、文部科学省と自治体教育委員会の関係、首長と教育委員会の関係について、これまでの法律に則ったバランスが崩れた事象として受け止める必要があるのではないだろうか。

〔註1〕　新型コロナウイルス感染症に関する学校の対応について

調査期間　2020年8月31日（月）〜9月14日（月）

調査方法　Web調査

回答数　　総数1,152　※4月7日緊急事態宣言対象地域回等総数　279

校種等別回答数

	公立						国立		私立				合計
	小学校	中学校	義務教育学校	高校	中等教育学校	特別支援学校	小学校	中学校	小学校	中学校	高校	中等教育学校	
I　小学校	498						1						499
II　中学校等		439	10							1			450
III　高等学校等				156	1						7	3	167
IV　特別支援学校						36							36
合　計	1,140						1		11				1,152

調査結果については日本教職員組合ホームページより閲覧可能。

https://www.jtu-net.or.jp/wp/wp-content/uploads/2020/10/cea69a7c2bcff313698311c2e4e44d6b.pdf

〔註2〕　「学校再開に伴う感染症対策・学校保障等に係る支援経費」に関する緊急調査

調査機関　2020年6月15日（月）〜7月17日（金）

調査方法　Web調査

回答数　　総数384

校種別回答数

区分	校種による回答数			
I　小学校	小学校	182		
II　中学校等	中学校	128	義務教育学校	5
III　高等学校等	高等学校	52	中等教育学校	3
IV　特別支援学校	特別支援学校	14		

調査結果については日本教職員組合ホームページより閲覧可能。

https://www.jtu-net.or.jp/wp/wp-content/uploads/2020/08/84875f1284fe12877aae31a4d2ffc42f-1.pdf

第2章
〈ポストコロナ〉を問い直す
——ケア／「他人事≒自分事」／ゆたかな学び——

菊地　栄治

1. アナーキスト＆アクティビストの時代

　人間、もしくはその営みが商品化され、物象化された状況にふりまわされている現状に違和感を覚えることがある。たとえば、子どもへの教育投資熱の上昇は、学習塾や予備校などを繁盛させつつ教育の私事化を促してきた。私費負担が大きくなることで公教育を囲い込み、結果的に経済的・文化的特定層の子どもたちから進学機会を奪ってしまう。内外の夥しい数の実証研究がこのことを明らかにしてきたが、特段の社会変革へとつながっているようには見えない。むしろ、新自由主義と自己責任論の増殖の中で、状況の悪化が続いているといってよい。ここには、「能力主義に付随する隠れたカリキュラム」の正統化作用が働いている。しかし、教育投資と地位達成の結びつきが強くなればなるほど、つまり生来の能力を個別に発揮し努力が経済的に報われる社会になればなるほど、根源的な不当性そのものが見えにくくなる。

　教育投資に邁進してきた層では、想定された達成が実現しないことへの不満が生じ、子どもが板挟みになるケースも生まれる。最近、「せっかく入学した大学なのに……」という言葉をよく耳にする。この言葉の裏には、「負債と交換」をめぐる現代の歪んだモラリティが潜んでいる。実際、生き急がされる社会の中で生きにくさを抱えて病んでいく大学生たちに出くわすことも少なくない。物質的に恵まれた家庭環境で育った場合の最も典型的な例がこうである。父親は稼ぎ手として働き、子育てと教育を一手に引き受けている母親…。父親と対等な関係にない母親は父親に急かされながら、大学をドロップアウトし期待通りにならない息子にこう言う。「あなたにいくらお金をかけてきたと思うの？　早く大学を卒業して立派な社会人になって安心させて（もしくは、学費を返済して）ちょうだい」…等々。「倒錯した」親子関係の類例には事欠かない。ここには、負債と交換の論

理がある種の権力関係の中で押しつけられ、子どもたちを自発的に従属化・内面化させるいびつな近代家族の姿が浮かび上がる。他方では、生活基盤を失っている家族の中で生きることを強いられている子どもたちも増えている。諦めと自己洞察を抱きながら、かれらは既存の社会の適応／不適応をめぐってもがき、根源的な生きにくさから脱却できないまま放置される。投資能力と個人的努力で状況を脱却する「成功談」によって、社会の構造的な病はますます捨て置かれる。

　近年矛盾を露呈しているこの種の出来事の根っこに、筆者は〈ポストコロナ〉社会の負の予兆と（逆説的に表現するならば）希望の萌芽が潜んでいるとみている。この点は、「貨幣と暴力の5000年」という副題の付いた『負債論』（グレーバー　2016）の中で、アナーキスト人類学者、デヴィッド・グレーバーが明瞭に気づかせてくれたことである。2020年9月2日にこの世を去った知の巨人は、自らをアナーキストと称し、アクティビストであることにこだわった（同　2006）。アナーキストとは、一般にイメージされる無政府主義者ではない。むしろ、人類の歩んできた歴史をふまえつつオルタナティブな実践活動を大事にすることで、人々が自由で創造的・本源的な姿を取り戻すことを願う人々を指す。ユダヤ人の祖先をもち、組合活動に汗した労働者の家庭に育ち、くだらない表象（権威）にこだわるアカデミズムに染まることなく、人類という大きな視点に立って物事を考え、かつ、果敢に行動する稀有な人物は、ウォールストリートのオキュパイ運動の理論的な支えにもなった。思い起こしてみると、代々家系が続くことにこだわる伝統的・保守的な農家で育った私自身が（誘われるままに）生まれて初めてデモ行進に参加したのが国家の枠組みを超えた公正さを要求するJUBILEE2000だった。恥ずかしいほどに遅ればせながら……。

　デモの主目的は、債務国の借金を2000年という宗教的な節目の年に支払免除（＝チャラ）にすることを訴える点にあった。グレーバーは、このときグローバル・ジャスティス運動にかかわっていた。かれの労作『負債論』は、「なぜ借金を返さなくてはいけないのか？」というドキリとさせられる問いで始まる。もちろん、単純なモラリスト的な結論で満足しない。この問いのために、訳書で800頁を超える無駄のない言葉を紡いでいく。読むほどに深くしみわたり、不思議にほんわかさせる。ぼんやりした私の思考をいくらか明晰にさせる不思議な力を持った著作である。社会学者が

無批判に抽象化された「社会」を想定し、国民国家や資本主義社会の本質と向き合わなくなってしまうことの危うさを的確に射貫いている（たとえば、「能力」を深く問い直さなかったり、既存の経済概念の諸前提を疑わなくなったりする）。グレーバーは、経済学が前提とする「貨幣は物々交換の代わりとして発明された」というアダム・スミス以来の神話を人類学が解き明かした数々の事実から反証していく。軍事と納税と貨幣が切っても切れない結び目によって関連づけられることで、人類の歩んできた歴史の負の真実が丸裸にされる。

　新自由主義が教育と社会のありようを激変させてきたということは多くの研究者が指摘したことであるが、「第三の道」の主張や「後期近代」論でお茶を濁すことでは何も解決しない。しかし、その病み（＝闇）の本質と構造をえぐり出す研究者は稀有である。1968年は、左右のイデオロギーがともに病んでいることを大量の殺戮という忌まわしい事態によって証明する歴史的分水嶺であった。その後の悲劇的な顛末は周知のとおりである。いずれかが「勝利」したわけでもなく、言ってみれば全人類的な敗北へと突き進んできたし、現在もこれに歯止めがかかっていない。マネー資本主義という新たな資本主義は、金が金を生み人や地球が搾取・掠奪される姿を見せつけている（新型コロナウイルスは感染爆発しても株価は30年ぶりの高値となっている）。そして、それを利用する政治とこれに媚びる者たち…。あるいはその手先（道具）としての教育という実態は微塵も変わっていないように思える。

　新自由主義が謳った効率化など達成されず、逆に全世界的官僚主義が蔓延し、人々から問いを奪っている。軍事費の増大とともに税金の逆進性が増し、ある種の戦費調達が急がれる。下り坂を勢いよく駆け下りても、愚かなる自滅への道にブレーキをかける強大な国民国家はひとつもない。生産性の高い人材の育成、そして、都合よく働く従順な働き手の育成が個人化された教育の裏目的とされる。大学も広い視野（学問自体の限界も含む「教養としての人文・社会科学的識見」）を忘れ、生産性を高める装置とし、自らそれに加担するように仕向けられていく。昨年の「日本学術会議」問題は、このゆがみを端的に表している。このように考えると、最近の政治的な動きは少しも意外な事態ではない。

　私たちはあくまでも官僚制的な手続きを頼みとして、かろうじて市場の

力や歪んだ政治に対抗しようとする。が、それはせいぜい「ブルシット・ジョブ」（クソどうでもいい仕事）を生み出し、それを別のだれか（命令を受ける者）に押しつけて問いと時間を奪うことをもたらす（グレーバー2020）。そのようにして関係を切り刻むのが関の山なのである。

2. 新型コロナウイルスが教えてくれたこと……

　2020年の1月……。近代社会に生きる人類の所業が生み出したウイルスによって、私たちは100年に一度の大混乱に見舞われ、いまなお先の見えない不安に取りつかれている。世界中がほとんど例外なくパンデミックに支配されたのは約100年前のスペイン風邪以来のことである。SARS-CoV-2という新奇なウイルスは、人と人との通常のやりとりによって拡大することで生き長らえている。COVID-19（新型コロナウイルス感染症）の発症者は、南ヨーロッパで急増し、さらにアメリカやブラジル、あるいはインドなどで爆発的な増加を見せ、あっという間に世界を覆いつくした。ワクチン開発が急がれいくつかは接種段階に至ってはいるが、変異種などが生まれ深刻な再拡大をくり返している。

　互いに距離を取り、できるだけ言葉を交わさず、移動も控えることでしか感染拡大を抑えられないという未曽有の事態…。抑制的な行動変容と強制的な引きこもりが唯一の生存保障につながるということを経験し、いかに人類がどうしようもなく小さな存在であるかを痛感させられた。「個人に何かができるかどうか」は、条件が与えられた上での単なるゲームにおいてはじめて問えるにすぎない。「できること」を競うビジネスと化した東京オリンピック・パラリンピックがウイルスによって予定通り実施できなかったことは象徴的な出来事である。「新しい日常を！」といわれる中で、このことを受け容れさせようという報道や言説が飛び交い、日本の政治は底知れぬ頼りなさをさらけ出してしまった。アベノマスクと揶揄された国からのプレゼントが市場でのマスクの供給が戻り始めたころにようやく届いたのは、無力さの象徴でもあった。

　仕事をめぐっての「あたりまえ」も軽々と引っぺがされていった。対面で実施することが当然であった大学での授業は、クラスターの発生を避け

るためにすべてオンラインで実施されるという事態に直面した。多くの大学では、①オンデマンド課題提示、②オンデマンド動画提示、③リアルタイム配信の3つの選択肢が示されたが、自分本位で実施されがちな授業は残念ながらオンライン化してもそれほど急には変わらない。この場合、被害者は相変わらず学生である。かつては押しつぶされそうになっても我慢していた通勤電車も、一部の時間帯を除いてウソのような快適さとなっている（しかし、そんな状況も「経済活動の再開か感染抑制か」という生命軽視のまやかしに満ちた二項対立論が突き付けられる中で、平時に近い満員電車の風景をよみがえらせてしまったのであるが…）。必須とされていた文書への押印は、メールのやりとりで代替・省略されても差し支えないことがわかった（薄々気づかれていたことであったが…）。不要な会議ほどオンラインで済むこともなんとなく学習できた。他方で、都会では通勤が適度な運動となっていたことをコロナ太りが証明してしまった。靴や衣服の摩耗と劣化が遅れ、衣料品の消費は激減した。人に会わなければ、新たな購買意欲は順調に衰えていくこともまた判明した（見せびらかし消費！）。そして、地球環境と未来世代に負荷をかけることで「まわされている」経済の現実もあらわになってしまった。

　しかし、これらの出来事は当然ながら消費・購買意欲を減退させ、経済を冷え込ませていく。内閣府の発表した昨年4〜6月期の実質GDPは年率換算で28.1%の低下を記録……。3四半期連続のマイナス成長となり、リーマンショック後をしのぎ戦後最大の落ち込み幅となった。しかも先が見えない。年をまたいでの加速度的な感染拡大によって、医療崩壊も深刻化しつつあり、医療壊滅が懸念されている。オリパラ開催にこだわる中で政治的な対応は常に遅れがちで、アクセルとブレーキの両方を踏み込むGO TO キャンペーンの実施は相対的に余裕のある宿泊施設等を利するにとどまり、救いが必要なところよりも中間搾取を行う会社を潤す傾向が際立った。事態に乗じて、中小企業を細やかに支援するよりも、「整理・統合」の呼び水として利用しようと企んでいるとみる向きもある。

　環境破壊を遠因とする新ウイルスの発生が今後とも危惧されているところである。今回のパンデミックが教えてくれた最も重要な事実とは何だろうか。管見によれば、ケア労働の重要性とそれに反比例する待遇の劣悪さを知らしめたことにある。学校の教職員の仕事も、じつは、エッセンシャ

ルなケア労働のひとつとみなすべきであるということも明確になった。これまで生徒の生活そのものを支えていた学校や教職員の守備範囲の広さに気づかされる。専門職としての教職員について言及する研究者は多いが、ケア労働や感情労働として教職をみる関係者は比較的少ない。しかもこれらの労働は、非物質的労働として今後の労働社会の中心をなすとみなされている。

　しかし、生命・生活の質を最優先に考えることは、冒頭に示したような社会的上昇移動ツールとしての学校という見方と矛盾する。「未来」よりも「いま、ここ」を大切にすることは、直線的な教育の論理になじまない。とはいえ、学校にはケアの面をないがしろにしては語れないミッションがあることが明白になった。それでも、実際には、旧来の予算編成手続き・フォーマットをそのまま引き継ぎ、まったく何事もなかったかのように次年度の予算要求が官僚たちによって微調整を図られながら粛々と作成されていく。関係団体も、この前提を疑わないまま「よい政策」を練ろうとしている。先のアナーキスト人類学者はこう看破している。「政策という観念（notion）は、他者に己の意向を強要する国家あるいは統治機構を前提としている。『政策』は政治の否定である。定義上、政策とは、人びとの問題について彼らよりも精通しているとされる特権階級的存在によってでっち上げられた何かである…。…（中略）…その前提自体が、人びとが自らの問題を解決するという思想と反目しているのである」（グレーバー2006、44-45頁）。

3. 「令和の日本型学校教育」論を読み解く

　2020年10月7日、中央教育審議会初等中等教育分科会は、「『令和の日本型学校教育』の構築を目指して〜全ての子供たちの可能性を引き出す、個別最適な学びと、協働的な学びの実現〜（中間まとめ）」を公表した（中教審　2020）。その後、各種団体等のヒアリングを通して修正されていったが、すでに動き始めている新学習指導要領に屋上屋を架すことにならないか懸念されるところである。安倍内閣が終焉したこともあり、教育再生実行会議のトーンとは言説のレベルでいくらか変化しているとみる向きも

ある。むしろ留意すべきは、以下の4点である。

第一に、「令和の日本型学校教育」についての言及である。「令和の」が付加され、明治期以降の学校教育制度の連続性のもとに日本型学校教育を捉えているところに見解の偏りがある。たとえば、「日本型学校教育」の歴史的起源を明確にしないまま、「知・徳・体を一体で育む形でカリキュラムの内容が拡張・体系化され、学校の共同体としての性格が強まった」ことと全人教育とを混同している。「我が国の社会発展の原動力」として、他国から評価されているという位置づけは、国民国家の閉じた論理に個々の瑞々しい現実が簡単に回収される危険性を生み出す。「令和の」とわざわざ付していることがこれを象徴している。

第二に、これらの「成果」を教職員の献身的な努力の結果として評価している点がある。しかし、日本型学校教育という表現は、さまざまな内発的な試みを「熱心さ」や「教育に携わる喜び」という情緒主義に回収するものである。たとえば、戦前の自生的な試みとしての綴り方教育運動は「概念くだき」を典型例として「善き生の構想への動員ではなく、それぞれが自己自身において生を構想する契機としての教育」（神代 2012、55頁）として捉えられる。自生的な試みは国民国家によって発展的に生かされてきたわけではなく、むしろ奪われ差し出されてきたと考えるべきであろう。そこでは、教育の不可能性を含めたロジックこそが重要になる点が肝要なのである。これを同和・人権教育（学習）の歴史と重ねるとよい。丁寧な実践に共通する根っこには、「人間と社会の限界性」があることがわかる（後述）。日本の固有性にこだわることなく、かつ、「人間と社会の限界性」という共通性をもつことをふまえて創造される実践を、むしろ世界と共有すべき贈与として捉えるべきであろう。

第三に、長時間勤務の解消についてたしかに現実認識は深まっている。遅ればせながらも、「なきもの」としてはいない点は一歩前進である。さらに、「コロナ禍」を経てGIGAスクール構想などのデジタル革命もひとつのツールとしては肯定的に捉えられる。しかし、これらは本来、生活上のインフラ（いわば「コモン」形成のためのツール）として整えられるべきものであり、それ自体が教育の世界の独占的進歩ではない。ましてや産業資本の都合で思考停止を促すパッケージとして押しつけることは避けなければならない。むしろ、ICTによって物象化された「個別最適な学び」

が結果として人々の時間を奪い、個人を切り分けていく危険性に留意したい。

第四に、これまでの「個別最適な学び」一辺倒に傾いていた論調が、「個別最適な学びと協働的な学びの往還を実現すること」へと変化し、これをめざすべき学びのあり方として規定している点に注目したい（同上、15頁）。とはいえ、eポートフォリオや民間教育産業が喧伝されてきた過程をふまえれば、協働的な学び自体が個人化された文脈に絡めとられる危険性がある。最終的に「個別最適な学び」を補強する形で、個人の教育達成を基準に評価されるとすれば、余計に「質（たち）の悪い」内容に陥る可能性を警戒する必要がある。

これらを読み解く際に、広義のケア労働としての教職員の業務が単にブルシット化するのではないかと懸念される。実際、本報告書は、多忙化の原因として官僚制に伴う「事務労働」の増加について一切言及していない。また、「個別最適な学び」を正当に評価するには、まさにモラル的基盤をどこに置くかという私たちの選択にかかってくる。グレーバーは、最終章でこう語っている。

「いまや真の問いは、どうやって事態の進行に歯止めをかけ、人びとがより働かず、よりよく生きる社会に向かうか、である。だからこそ、わたしは勤勉でない貧者を言祝いで、本書を終えたい。少なくとも、彼らはだれも傷つけていない。彼らが、余暇の時間を、友人たちや家族とすごすこと、愛する者たちと楽しみ、配慮をむけあうことについやしている以上、彼らは考えられている以上に世界をよくしているのだ。おそらく、わたしたちは、彼らを、わたしたちの経済秩序がはらんでいる自己破壊衝動を共有しようとしない、新しい経済秩序の先駆者とみなすべきだろう。」（『負債論』、訳書、576頁）。

これに加えて、全面的官僚制化（total bureaucratization）にどのように対抗していくかも課題となる。目標と手段が分離され（＝制度主義）、専門職と僭称しつつ父権主義の客体とされる教員のあり方を根本的に見直し、かつ、あわせて生徒の現実をベースにしながら、そこから立ち上げつつ「所有的個人」の発想を変えていくことが不可欠となる。効果的な教育実

践の競争に幻惑されるのではなく、もうひとつの物語を足元から積み上げていくことが問われている。

4. 二つの改革モデルと「他人事≒自分事」

　繰り返される中央の教育改革の議論がなぜ「ゆたかな学び」からかくも遠くなってしまうのか？　対立を際立たせるのではなく、ものごとの本質を言葉にしつつ共有していくためには、この「なぜ？」について的確に応答する議論がなされなければならない。結論を先取りすれば、見誤りが繰り返されるのは、「人間と社会の限界性」を軸に据えた議論になっていないからである。中央省庁のアジェンダ設定を前提とする限り、私たちは国民国家と資本主義等の枠に絡めとられる客体となるにすぎない。じつは、このことに根拠をもって気づかせてくれるのが、デヴィッド・グレーバーの仕事なのである。

　社会学のカテゴリーは、社会の下位区分（社会階層等）に則って論じる限り、国民国家の枠を出ない（教育格差論！）。しかし、人類学、とりわけアナーキスト人類学は社会の「いま」を相対化し得る豊饒な知見を提供する。なかでも重要なのが、究極的に私たちは国民国家に必要とされる納税によって軍備を増強し戦争準備をしてきたという歴史的事実である。安心と安全を国家と資本主義という枠の中で求めることに慣らされ、まんまと縛られていくのである。これだけの能力を身につけたからこれだけの報酬を受けて当然であると考える交換の論理（あるいは、負債をめぐるモラリティ）を通して私たちは社会の構造問題を個人化し牙を抜かれる。1950年代の能力主義批判が力を持ち得なかったのは、高度経済成長をめざす国民国家形成の一手段としての教育という位置づけから一歩も出ていなかったからである（大阪府立松原高等学校＝「松高」では「教育ママ的運動」と高校全入運動を称していたのであるが……）。ここに最も手ごわい「社会の限界性」をめぐる課題がある。だれしもが冒頭のありがちな親子のメンタリティを卒業し切れないまま手懐けられていく可能性をはらんでいる。

　日本型学校教育は、いわば、じつに都合のよい〈一元的操作モデル〉にもとづくものであり、その意味ではたしかに戦前と戦後の共通の病理とし

て読み解くことができる（【図1】の左図）。しかし、日本型学校教育の闇をみつめ、「人間と社会の限界性」を軸に置いた人権教育やインクルーシブ教育の実践は、この枠を越境するものである。したがって、私たちが全面的官僚主義を下支えする微調整的改革しかもたらせないとすれば、まさにツボを外しているということになる。そこで、同じくグレーバーが指摘するように、交換でもヒエラルヒーでもないモラリティ（おそらくは、慣習的・経験的知恵）としての基盤的コミュニズムこそが突破口となる（いわゆる共産主義ではない！）。しかし、民主主義が個々人の深い認識と経験を通してしか実現しないように、結果はその前段としての学び次第なのである。そのことが、〈一元的操作モデル〉の限界を見据えることにつながっていく。

　新型コロナウイルスが浮かび上がらせてくれた「ケア労働」の意義と不遇…。この不条理を乗り越えるためには、ブルシット・ジョブに偏した経済構造をゆさぶり、無条件の生の受容と（単なる専門職ではなく）ケア労働への経済的応答を中心に据えることこそが要となる。しかし、その際に、私たちはアクティビストでなくてはならない。その要諦が、「他人事≒自分事」である（菊地　2020）。切実さを真ん中に据えて、「困りごと」としての出来事を自身と重ね合わせること…。これは、人権教育でいえば、まさに「しんどさを軸にした仲間づくり」にほかならない。教職員集団でいえば、「肩幅の狭い教師を支えること」（松高）でもある。「平和で民主的な国家及び社会の形成者」を育てると同時に「人格の完成」が学校の役

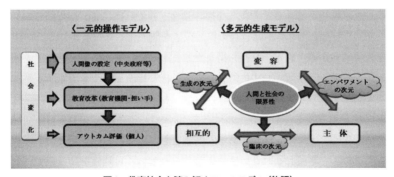

図1　教育社会を読み解く二つのモデル（物語）
出典 拙稿「高校教育のポリティクス―〈近代〉と向き合うもうひとつの物語―」、小玉重夫・志水宏吉編
『学校のポリティクス』（岩波講座 教育 変革への展望 第6巻）岩波書店、2016年、図1より。

割であると考えれば、その人格とは関係性のもとで問われなければならない。これは、すでに浜田寿美男が的確に指摘しているように、実体論にもとづく個体能力論に基づくものではあり得ない（浜田　1995）。また、長年不登校の子どもたちにかかわってきた石川憲彦が指摘するように、科学に基づく成長神話でもない（石川　2020）。つまり、「できなさ」「弱さ」を価値づけ、これを軸に「わからなさ」と関連させる「人間の限界性」なるものがもうひとつの中心概念となる。私たちが、人類として営々とつながれてきたいのちの地点に立つとき、とりわけ近代が惑わしてきた前提が取り払われる。こうして目の前に浮かび上がってくるのが、〈多元的生成モデル〉（【図1】の右図）というもうひとつの社会と教育のありよう（物語）である。

　人間にせよ社会にせよ、「いかにわかっていないか？」「いかにいたらないか？」を軸に学びを問い直すとき、人々は「できることを持ち寄り、できないことを補い合う」プロセスへと歩みを始めるのである。学校づくりにおける奇跡的な実践といってもよい出来事は、このようにして内発的に生まれ、環境に働きかけながら持続的に展開されてきたのである。おそらく、「ゆたかな学び」というものは、きれいに整えられたパッケージではなく、目の前の生徒の現実を出来事としていっしょに経験する中で共有され、当事者を鍛え、そのことが至極当然のこととして感じるほどに熟成されていったものである。その出発点は、「他人事≒自分事」のように「近代」と向き合うことにあってもよいし、人類の歴史をたどって当然視された営みを相対化することにあってもよい。気がついてみるとその方が彩りゆたかで誰しもがほっこりすることになり、心の底から安心できるような何ものかに触れられる。その空気を各教室、各学校、各地域など様々な場で生成していくことによってしか、長年人類が育ててきた巨大な怪獣を操縦することなどできない。むしろ、現実の見え方を重ね合わせながら、「ゆたかな学びとは？」という問い自体をそれぞれの場で学んでいくしかないのである。個々の政策をどう評価するかは、この「ゆたかな学び」を支える「コモン」を構築する助けとなっているかどうかの一点にかかっている。そのことを最も当事者に近い地点での対話的関係を通して確認し合い、丁寧に育てていくことである。構造的な力にふりまわされることなく、ちっぽけなウイルスが教えてくれていることの本質を掴んでいきたい。今度こそ……。

〈参考文献〉

- 石川憲彦『「発達障害」とはなんだろう？ 真の自尊ルネッサンスへ』ジャパンマシニスト社、2020年
- パオロ・ジョルダーノ（飯田亮介訳）『コロナの時代の僕ら』早川書房、2020年（2020）
- 菊地栄治『希望をつむぐ高校—生徒の現実と向き合う学校改革』岩波書店、2012年
- 菊地栄治「高校教育のポリティクス—〈近代〉と向き合うもうひとつの物語」、小玉重夫編『学校のポリティクス』（岩波講座 教育 変革への展望 第6巻）岩波書店、2016年
- 菊地栄治『他人事≒自分事—教育と社会の根本課題を読み解く』東信堂、2020年
- 神代健彦「自己の技法への想像力—別様可能性としての『山びこ学校』」、宮台真司監修・現代位相研究所編『統治・自律・民主主義—パターナリズムの政治社会学—』NTT出版、2012年
- デヴィッド・グレーバー（高祖岩三郎訳）『アナーキスト人類学のための断章』以文社、2006年（2004）
- デヴィッド・グレーバー（酒井隆史監訳、高祖岩三郎・佐々木夏子訳）『負債論—貨幣と暴力の5000年—』以文社、2016年（2011）
- デヴィッド・グレーバー（酒井隆史訳）『官僚制のユートピア—テクノロジー、構造的愚かさ、リベラリズムの鉄則—』以文社、2017年（2011）
- デヴィッド・グレーバー（酒井隆史・芳賀達彦・森田和樹訳）『ブルシット・ジョブ クソどうでもいい仕事の理論』岩波書店、2020年（2018）
- 中央教育審議会初等中等教育分科会「『令和の日本型学校教育』の構築を目指して〜全ての子供たちの可能性を引き出す、個別最適な学びと、協働的な学びの実現〜（中間まとめ）」2020年10月7日
- 浜田寿美男「発達心理学の課題」、岡本夏木・浜田寿美男『発達心理学入門』岩波書店、1995年

第3章
危機的状況における学校づくり

中田　正敏

1. はじめに

　SARS-CoV-2と命名されたウイルスによって発症するCOVID-19と命名された疾患によるパンデミックが世界を震撼させている。いくつかの知見が見出されつつあるものの、このウイルスについてわかっていないことが多いだけではなく、変異することなどもあり、いよいよ捉えどころのないものになりつつある。また、このウイルスが要因となり起こる事象、人の対応も時にはお互いに理解しがたいものがあり、様々な混乱を巻き起こしている。

　パンデミックについて、「ランナウェイ・オブジェクト（捉えどころのない対象）」[註1]であるという捉え方がある。このパンデミックは「過去の事実」ではなくて、現在のところ、「捉えどころのない対象」として統制できないままであるのに、「ポストコロナ」という言葉が使われているのは、どこかで終わるという「知見」があるからなのだが、現在はまだ危機的状況の最中にある。

　この危機的な状況の中で何を学び、これから先をどのように考えるのか。

　筆者は、公立の学校の教員として勤め、行政の仕事にも携わり、最後に学校マネジメントの立場を経験した。その中で、様々な社会経済的な状況により深刻な問題に直面している生徒たちと関わる中で、現在、主流となっている「解決モデル」ではやっていけない問題的状況にほぼ日常的に出会ってきた。実践で行き詰まった時には、何らかの参照枠が必要であり、その中で様々な理論の枠組みが、実践について振り返り、現場での実践を言語化するために役立ったと考えている。実践に携わる立ち位置で言語化してきた枠組みを軸に、この先例のない状況について考察する。

　まず、現在の、危機的状況の最中に出されている報告書「『令和の日本型学校教育』の構築を目指して～全ての子供たちの可能性を引き出す，個別最適な学びと，協働的な学びの実現～（答申）」（以下、「答申」と略す）

について触れ、考察するべきことを確認する。

「答申」には「新型コロナウイルス感染症の感染拡大を通じて再認識された学校の役割」という項目があり、「当たり前のように存在していた学校に通えない状況が続いた中で、子供たちや各家庭の日常において学校がどれだけ大きな存在であったのかということが、改めて浮き彫りになった」とし、「学校は、学習機会と学力を保障するという役割のみならず、全人的な発達・成長を保障する役割や、人と安全・安心につながることができる居場所・セーフティネットとして身体的、精神的な健康を保障するという福祉的な役割をも担っていることが再認識された」としている。

また、経済協力開発機構（OECD）の "Learning Compass 2030" について言及し、「子供たちがウェルビーイング（Well-being）を実現していくために自ら主体的に目標を設定し、振り返りながら、責任ある行動がとれる力」について着目している。

自己責任の枠組みでの実践を求めているところにやや限界があるように思われる。ウェルビーイングを実現できる学校づくりについて、「再認識された」役割を発揮するためには、どのような枠組みで把握するべきなのかについて考察する必要がある。

「答申」では、子どもたちが学校に通えない状況の中で「全国の学校現場の教職員」などの教育関係者の実践において「子供たちの学習機会の保障や心のケア」が高く評価されている。さらに、今後の組織的な取り組みとして、将来的に「やむを得ず学校の臨時休校が行われる場合」には、「スクールカウンセラーやスクールソーシャルワーカー等の専門スタッフ」や関係諸機関との連携のもとに、「子供たちと学校との関係を継続すること」で、心のケアや虐待の防止を図り、「子供たちの学びを保障していくための方策を講じることが必要」であるとの記述もある。ここでは、ケアとは現場で実践されてきたもの、実践されるべきものを括る言葉であるが、具体的にはどのような実践があり得るのか。

また、「答申」では「学校の『スタンダード』として、『主体的・対話的で深い学び』の実現に向けた授業改善に資するよう、GIGAスクール構想により児童生徒1人1台端末環境と高速大容量の通信ネットワーク環境が実現されることを最大限生かし、端末を日常的に活用するとともに、教師が対面指導と家庭や地域社会と連携した遠隔・オンライン教育とを使いこ

なす（ハイブリッド化）など，これまでの実践とICTとを最適に組み合わせることで，学校教育における様々な課題を解決し，教育の質の向上につなげていくことが必要である」とし，その際に，「直面する課題を解決し，あるべき学校教育を実現するためのツールとして，いわゆる『二項対立』の陥穽に陥ることのないよう，ICTをこれまでの実践と最適に組み合わせて有効に活用する」という姿勢についても言及している。

　対面かオンラインかという「二項対立」ではなく，何をめざしてそれらをどう組み合わせるのかという枠組みに関する組織的な考察が求められている。「二項対立」の陥穽とは，二つの固定された極のあいだの機械的な対立に陥ること，単純にそれらを安易に足し合わせたりすることなどに陥ることを意味していると思われるが，どちらがよいとか，どちらも必要かということではなく，その二項をきちんと位置付ける枠組みとして、例えば、「学習のプロセス」のようなものが必要である。これについては後述する。

　これらの課題に対応できる学校組織の新しいあり方が問われる。その点については、「連携・分担による学校マネジメントを実現する」という項目で、「校長のリーダーシップの下，組織として教育活動に取り組む体制を整備することが必要」とされ、「校長を中心に学校組織のマネジメント力の強化を図る」とともに、「学校内，あるいは学校外との関係で，『連携と分担』による学校マネジメントを実現することが重要」としている。

　具体的には「ミドルリーダーとなる教師がリーダーシップを発揮できるような組織運営」を促進するという方略を示し、そのことを通じて、「教師が児童生徒としっかり向き合い，教師本来の業務に専門性を発揮できるようにする」ことなどが提言されている。

　これは、基本的には、2015年の「チームとしての学校の在り方と今後の改善方策について（答申）」の組織論の枠組みに沿ったかたちでの提言である。教職員が孤立して課題に取り組むのではなく、チームとして取り組むという方向性については同意する。その一方で、「児童生徒としっかり向き合う」ためには、生徒の声にきちんと応答できる機能やケアできる機能がどのように学校組織に組み込まれているかが決め手になる。このような機能をどう取り込んでいくかについて考察する。

　以上、考察するべき論点を挙げたが、これらについての参照枠を設定し、コロナ危機における学校の現場から何をどのように言語化し、この厳しい

現状からどのような枠組みならば次の展望が描け、それがどのように学校づくりにつながるのかについて考察することが、本稿の課題である。

2. 危機的状況における複数のリスク

「リスク対リスク」というリスク論がある[註2]。この考え方によれば、感染リスクの他に様々なリスクがある。感染リスクに対し何らかの対応をすることで、それとは異なるリスクが生じる。こうした危機的状況の中では、あるリスクが着目されるあまり、その他のリスクが無視され、それらに気づかないことによって、混乱に拍車がかかることがある。複数のリスクとそれらを回避するための方略が新たなリスクを生み出す複雑な構図を理解することが重要である。

2.1 リスクの複合体

政策概要：「COVID-19が子どもたちに与える影響」（United Nations ［April 2020］Policy Brief : The Impact of COVID-19 on children／タイトル及び引用文は筆者訳。以後「政策概要I」と略す）は2020年4月に国連から発表され、COVID-19が子どもたちに与える影響について次のように述べている。

全般的な危機と格差

「子どもたちはこのパンデミック自体に直面はしていないかもしれない。現在のところ、子どもたちは幸いにも健康面で直接的な影響は概ね免れているようだ。しかし、それは少なくとも今のところのデータ上のことでそういうことになっているだけかもしれない」。

しかし、この状況下におけるリスクは感染リスクにとどまらない。

「子どもたちはパンデミックの最も深刻な犠牲者の中に入る深刻なリスクを抱えている」のであり、「子どもたちは、安全・安心（well-being）面での深刻な影響を受ける危機がある」としている。さらに「深刻な社会的・経済的影響を受けていることは間違いないし」、「場合によっては、感

染緩和施策がマイナスの影響を与える」こともある。

　「またこれらは全般的な危機であり、子どもによっては一生にわたりかなりの影響をこうむることになるだろう」という指摘をしている。

　さらに格差の問題について次のように触れている。

　「最悪の影響は最も貧困な国や、最も貧困な地域にいる子どもたち、そして既にコロナ以前から不利な状況あるいはダメージを受けやすい状況に置かれている子どもたちにとって最も深刻なものとなることは容易に予期されるのである。このパンデミック以前から問題となっていた格差がここで影響に結びつく。誰にとっても深刻な影響があるのだが、とりわけ格差により深刻度の高い影響を受けている子どもたちにそれが降りかかる」のである。

子どもたちの危機的状況
○貧困に陥ること

　「COVID-19以前の極貧状態であった数にさらにパンデミックに起因する貧困によるものが加わるし、さらに深刻な貧困が生み出される」としている。

　新自由主義政策により生み出された貧困に加えて、パンデミックは様々な対応を生み出し、それらの施策により新たに貧困が生み出され、激化している状況がある。

○学習面での危機的な状況

　「188の国で感染リスクの緩和策として学校閉鎖（School Closure）がとられた。それによって15億人の児童生徒が現在、影響を受けている」との指摘がある。

　学校に行けないで家にいるという状況がどのようなリスクを生み出しているのかについては、「遠隔学習のプラットホームが整備された国もあったが、それから排除されている子どもたち」もいて「デジタル領域での排除」があるとの指摘もある。

　デジタル化により解決できるものもあるが、先の貧困の激化との関連性で考える枠組みを拡げることが重要であるとの認識も示されている。

○経済的苦難が子どもたちの生存と健康に脅威となること

　「パンデミックによる経済的苦難が幼児死亡率を増加させるリスク」や

「医療サービスの崩壊がこれに輪をかけるリスク」、「学校の給食が毎日の栄養源となっている子どもたちへのリスク」や「学校閉鎖」により栄養が摂れなくなるというリスクもある。

○子どもたちの安全面でのリスクが高まること

「ロックダウン（都市封鎖）や屋内への退避をもとめる施策（いわゆる「ステイホーム」）は、子どもたちが暴力・暴言を目撃したり、その被害者となるリスクを非常に高めること」も言及されている。先に言及されていた「学校閉鎖」もこのリスクにつながる側面がある。

○遠隔学習に関するリスク

「遠隔学習のためのオンラインのプラットフォームは子どもたちが学習の際に頼りにせざるを得ないものであるが、これはインターネットの不適切なコンテンツやそれを使った犯罪者に子どもたちがさらされるリスクを増大させる」。

コロナ危機は、以上のような複数のリスクが複雑に絡み合った複合体を構成しつつ進行している。ここで指摘されていることの一部は「答申」でも「格差が拡大されるのではないかという指摘」や「児童虐待の増加に関する懸念」というかたちで取り上げられている。

実際に、提示されているガイドラインは、感染リスクへの対応だけではなく、その他の深刻なリスクへの対応を具体的にどのように示しているのかについて吟味する必要がある。また、学校閉鎖の深刻な影響についても多面的に検証する必要があるだろう。

次に二つ目の参照枠を提示して考えてみたい。

2.2 危機に対応するための声に応答し復興を考える方略

政策概要：「COVID-19への障害のある人への包摂的対応」（United Nations［May 2020］Policy Brief : A Disability-Inclusive Response to COVID-19／タイトル及び引用文は筆者訳。以後「政策概要Ⅱ」と略す）は、危機的状況に対応するものとして、2020年5月に発表されている。

この文書については、障害者の参加によるCOVID-19への"Response & Recovery"というコンセプトが打ち出されていることにも着目したい。

「COVID-19によるグルーバルな危機」について「従前から存在した不平等をさらに増幅させている」として「インクルージョンの達成状況を明示し、障害のある人を包摂する活動が緊急であることが白日のもとに晒されている」としてインクルージョンの立ち遅れについての危機感がまず表明されている。

具体的には、「障害のある人は、通常の環境下においてさえも、保健、教育、雇用にアクセスし、コミュニティに十分に参加しているとは思えない状況である」という現状認識に立って、「COVID-19はこの状況をさらに深刻化させ、障害のある人に直接的、間接的にとてつもない影響を与えている」としている。

「応答と復興」という方略

こうした深刻な状況認識に立って、「障害者がCOVID-19への "Response & Recovery" において取り残されることのないようにするための統合的アプローチ」が必要であり、「障害のある人をその対応の中心」に位置付け、「対応及び復興の計画づくり及びその実行の主体として参加する」という提案をしている。

ところで "Response & Recovery" にはどのような訳語を当てるべきだろうか。Responseは一般的には「対応」となるが、先述したように様々なリスクに直面する中で生じる多様な声という文脈では「応答」という語が適切であろう。また、Recoveryは「復旧」との訳語もあるが、鉄道事故の後の「復旧」とは異なり、危機を脱して次のステージに達するという意味合いでは、「復興」が適切と考える。

つまり、危機に対応する "Response & Recovery" という活動の主体は、障害者も含めた多様な主体であり、コロナ危機への対応として様々な声を聴き合い、応答し合うことで、もっとも適切な対応ができて、次の段階の復興が進展するという方略が提示されているのである。

"Response & Recovery" のためのアクションは、「障害に基づくいかなる差別も禁止し、ジェンダーや年齢など」の様々な要因も含めて効果的で効率的な取り組みを展開することは、「Response & Recoveryの期間に生じる様々な障壁を乗り越えるために必要である」とし、「障害のある人を包摂することは、障害がない人を含めて誰にもよりよく役に立つような

COVID-19への対応及びそれからの復興に帰結するだろう」という展望を示している。

　こうした方向性を示す中で、「複雑な状況により適切に対応できるアジャイル・システム」により、「当初は最も遅れていた分を取り戻す」ための具体的な方略を示している。

　「アジャイル・システム」とはソフト開発において顧客を巻き込む手法として知られている。ここでの文脈に則して言えば、危機の中で生じる子どもや保護者の声を聴くことを前提として新しい活動を創り出すという方略である。つまり、対応や応答の段階をいったん完成させて、それから次の復興の段階に入るという機械的な2段階論ではなく、様々な声を聴きつつ修正を随時実施する手法である。声に応答することと復興策の構築のあいだを小刻みに往復しながら新しいものをつくる柔軟な取り組みであり、いったん決定された計画を軸にして展開されるPDCAサイクルとは異なる方略である。

2.3　2つの政策概要からの示唆

　感染リスクへの対応に関する「政策概要Ⅰ」には、子ども全体や社会でこれまで周辺化されてきた人たちへの様々なリスクもきちんと把握することが必要であるという示唆がある。また、「政策概要Ⅱ」で指摘されているように具体的な危機の中で声を聴きながら対応し、応答し、様々な復興策を練るという方向性が重要である。

　インクルージョン（包摂）という方向性でCOVID-19への対応（response）という文脈で、多様な主体の声を集めて復興（recovery）への手がかりを探るという方法論に着目したい。対応が的確であれば、またもとに収まるという側面だけではなく、対応の方法自体が次の局面の展開につながるという論点に着目することが重要である。今、どのような形で子ども、児童、生徒、若者の声に応答するのかというプロセスの中に、復興につながる萌芽があるし、このパンデミックの時期における様々な対応の中に、単なる復旧ではなく、これからの復興への道筋が見いだされるべきであるという考え方が打ち出されるべきであろう。

3. コロナ危機の学校現場における多様なリスクと応答

　2020年2月末、安倍前首相により「春休みまで臨時休業を」という形で「全国一斉休校（学校閉鎖）」の要請があり、それを受けた対応があった。春休みが過ぎ、4月に入り、「緊急事態宣言」の発出があり、学校閉鎖が長期間続くことになった。徐々に緊急事態宣言が解除された後、分散登校を経て、全面再開に至るのであるが、感染拡大の「第二波」があり、さらに冬場にはいって、「第三波」を経過し、予断を許さない状況が続いている。

　筆者の所属する神奈川県高等学校教育会館教育研究所では、コロナ禍での学校の取り組みに関する記録をすることが、危機的な状況にある現在、最も重要であるという認識に立って、現場の取り組みについて報告会（オンライン開催）を実施している。以下、その報告の一部について紹介したい。

3.1 「コロナ禍」における現場の取り組み

　報告は、学校全体としての取り組みだけではなく、自分の身の回りで起こったことや、今、考えていることを述べるという形で行われた。

報告A：大学への進学者が多い高校での休業期間中の取り組み

・学校閉鎖の当初の対応としては、課題は現在の生徒の学習状況に沿ったものとして、過度な負担をかけさせないよう留意することにした。

・生徒の学習の習慣の定着と生活習慣の確立を優先するという枠組みで、オンライン上で課題や指示の配信が行われた。

・誰も経験したことがない不安な状況を踏まえて、生徒の心的なストレスや不安の軽減にも十分に留意した。

・休校の後期になると、紙媒体の課題に加えて、Webでの動画共有サービスの限定公開機能を使った授業動画の作成・配信とWebでオンライン会議サービスを使っての質問対応の実践が開始された。

・アナログ（紙媒体）とデジタル（各Webサービス）を組み合わせた方式を導入する前に、オンライン学習の環境についての調査を実施したところ、全生徒の約五分の一の生徒の家庭では回線状況に制限があり、約

四分の一がスマートフォンのみで対応している状況であった。
・オンライン学習の導入に関する生徒の評価については、オンラインは対面の代替えとなるかについては、代替えはできないという回答がやや多めだったが、代替えできるのではないかという回答もあった。
・現場は学習環境についてステレオタイプにとらわれがちであり、今回のオンラインの実践の経験は、今後の改革への示唆があると考える。

　この報告からは、この休校期間中の一連の対応において、生徒に安心感を与えることが一貫して意識されており、その上で、多様な学びをどのようにして確保するのかという問題提起がなされていることに注目したい。休校期間の前期における紙媒体のレポート様式と休校期間の後期におけるデジタル機器の活用を通した教育実践について丁寧な振り返りをしており、この危機の中で、これまでの解決方法では解決できない状況への対応策を模索していることに着目したい。

報告Ｂ：ほとんどの生徒が大学進学を希望している学校の休業中及び再開後の取り組み

・学校閉鎖中の４月の登校日に、Webのクラスルーム機能設定と課題配布を実施した。
・緊急事態宣言発出直前という状況の中で、体調がすぐれない、電車通学に不安があるなどで登校できない生徒がいた。
・相談日を設定したものの、生徒との接点がないことから、具体的な状況を把握できなかったが、クラスルーム機能を使って生徒の通信環境を調査し、Wi-Fi環境がない家庭、パソコン、プリンターがない家庭が一定数あることを把握できた。
・健康観察調査を行い、なかなか寝付けない、夜眠れない、課題が増えていくことへの不安、３年生については受験への不安、食欲不振、何もやる気がおこらないという声が把握できたことから、５月中旬から電話相談を始めたが、生活リズムをつくって課題をこなしている生徒がいる一方で、休業が長期に及ぶ中で、朝起きられない状態となり、再開に向けて不安を感じていることや、学校行事がなくなったことや友達に早く会いたいなどの声が聴けた。

・オンライン授業については、スライドに音声を付ける形式で短時間の動画を配信し、生徒は事前配布のプリントを見ながら学習する方式で実施した。

・実践してみて、コンセプトをどうするのか、機材をどうするかに加え、準備に膨大な時間がかかる等の課題があった。

・学校再開後に、実施したオンデマンド型オンライン授業について生徒の声を聴いたが、短くて取り組みやすいし何度も見られるという利点があるとの感想もあった。

・オンライン授業の課題としては、家庭の通信環境が不十分であることで大きなストレスを感じている生徒がいること、授業動画では意欲的になれない生徒が一定数はいること、また、教員側の悩みとして、対面型ならば取り組みやすいペアワーク、グループワークやワークショップなどの方法がとりづらいなどの課題が把握できた。

・新しい様々なツールが導入される中で、教員の間にデジタル機器の活用に関する「格差」があり、学校全体としてこの問題にどのような解決の方途があるのか、という課題もある。

・3年生については、英語民間試験や記述問題の実施をめぐる動きの中で動揺させられてきた上に、コロナ禍でオープンキャンパスの中止や入試の方式の変更の可能性などもあり大きな不安をもっていること、さらに部活動でこれまでの努力の発表の機会がなくなったりして喪失感をもっている生徒も多い。

・しかし、多くの生徒が不平不満を言わず、目標に向かって頑張っているため、これまで以上に丁寧に生徒の声を聴く必要があると考える。

　この報告からは、「コロナ禍」以前の「教育改革」のためとされる教育施策により、さらに新型コロナウイルスのリスクや感染対応策によって生じたリスクなどでも不安を抱える生徒の声を丁寧に聴き、応答していることに着目したい。また、授業における多彩な様式がかなり制約されている状況について、具体的にどう考えるのか後述したい。

報告C：外国につながる生徒たちも多数在籍している学校の取り組み
・外国につながる生徒たちの状況については、コロナ禍以前にも、もとも

と不安定な状況や、日本語が不自由であることなどの課題がコロナ危機で顕在化している。

・仕事に行けなくなった保護者による虐待など複雑な家庭状況への対応として、休業中においても、必要に応じて定期的に登校して、日本語講師の支援を受ける体制づくりをした。

・家庭内でうまく関係性が構築できないことも多い中で、コロナ禍により仕事を休まざるを得なくなった家庭内での緊張関係に、経済的な理由がからみ、「自分の国に帰って軍隊に入る」という選択をした生徒もいる。

・在宅勤務とは無縁の職場に体調不良にもかかわらず通っている保護者の健康状態に感染の不安を感じ、本人も登校日に電車に乗るのが怖いということで通学できない生徒の事例がある。

・オンラインでの課題提出という設定の中で、課題の意味がわからない生徒の支援のために、外国につながる生徒たちの登校日を設定して支援をしたり、実際に質問を受けてのやりとりをしたりして課題提出の支援をするという取り組みをした。

・また、外国につながる生徒たちの抱える諸課題に対応をするために、そうした生徒たちを対象とするWebでのクラスルームを設定したり、学校のホームページに5か国語の翻訳版を掲載するという取り組みをした。

・この危機の中で、オンライン授業も含めて、日本語力がまだ十分でない外国につながる生徒たちの学力保障をどう図っていくかが重要な課題である。

・また、年度の変わり目に休校となったことで、初めて担任する生徒との関係性が構築されていないことにより、そうした関係性があればできた支援ができていない現状がある。

　この丁寧に事例を取り上げた報告からは、教職員との関係性の中で生徒一人ひとりの置かれた状況に応じて、生徒の抱える問題を把握していくという地道な活動が柔軟な取り組みを創出すること、応答が復校に結びつくことの重要性が理解できる。

報告D：発達障害など様々な困難を抱えた生徒たちが多く在籍している定時制高校の取り組み

・学校閉鎖中は、基本的には紙ベースでいろいろな課題でやりとりをしていたが、生徒の家庭の情報環境について、自分で使えるパソコンがある生徒は比較的少ないことが判明している。

・オンラインで個別の課題のやりとりもしたが、ふだんは授業で発言しない生徒が自分の考えをコメント欄に書いたり、質問をしたりするなどの積極的な側面がみられた。

・しかし、オンラインという様式自体に取り組むことが困難な生徒もいる。

・家庭での学習環境については学習するスペースそのものがない生徒もいる。

・家にいる場合には、幼いきょうだいの面倒をみなくてはならないという状況もあって、登校することではじめて学習すること自体が可能になるということもある。

・家にいるかぎりは本人の意思や意欲次第で学習できるということにはならない環境で生活している生徒もいるという事実がある。

・オンラインについては画一的に取り入れればよいとか、端末を配ればよいとか、教職員のICTを扱う能力の向上の問題ばかりでなく、まず、生徒の家庭の状況をきちんと捉える必要があると考える。

　この報告から読み取れることは、生徒をとりまくリアルな環境によって、実際に学習が成立するかどうかが決まってくるという問題の捉え方の重要性である。オンラインがすべてを解決するのではなく、それが解決できることもさまざまな条件によって制約されるものである。デバイスがあればなんとかなるものではない。したがって、生徒の声を聴きつつ、より広い文脈で構造的に考える必要がある。

報告E：多部制昼間定時制で、アルバイトに生活時間の多くを割かねばならない生徒の多い学校の取り組み

・危機対応のアプローチは生徒に負荷をかけすぎないようにすることが重要である。

・教職員が面倒を見ている生徒のことを理解していることが、こうしたア

プローチがとれる前提になっている。

・アルバイトをして生計を立てている生徒たちが、この危機で失業という事態に陥っているのではないかという懸念があった。

・実際には、確かにアルバイトができなくなってしまった生徒もいたが、エッセンシャルワーク、流通関係ではかなり激しい労働をしている生徒もいた。

・そうした状況を把握しているが故に、卒業生を送り出したばかりの若手の教職員が、卒業生が困っていないかを確認するために、積極的に電話することを提案することもできている。

・実際に、卒業生が失業したので相談したいという用件で電話をかけてくることもある。

・このような学校であるので、学校再開時には、生徒たちとその家族が抱える課題が「学校に押し寄せてくる」という状況になった。

・職員室の先生たちのところに、保健室の養護教諭のところなどに課題を抱えた生徒が押し寄せて来た。やはり学校は「すごい」ところなのだと思った。

・最近(2020年6月現在)、マスコミなどで紙媒体のプリントの配布について批判的な論調がみられるが、この学校ではデジタル・テクノロジーに長けた「教育工学派」の若い教員たちは、「紙はいけない」とは言わない。その理由は、彼らは生徒の置かれている状況をよく理解しているからである。

　この報告から読み取れるのは、日頃から生徒の声を聴き、生徒をとりまく様々な状況を的確に把握することが組織文化として浸透していることだ。そのため、このような危機の中で、課題を大量に出してしまって、無理をさせるようなことをしてはならないという原則がある。負担となるような「意図せざる結果」をもたらさないようにしている知恵がある。それゆえに、再開時には「やはり学校は『すごい』ところなのだ」としてしか表現できない状態になるのである。

　これらの報告は、全体として、「答申」で示された、この危機により「再認識された学校の役割」に関する具体的な課題や解決への示唆に富んだものであった。実際の取り組みの中にひそんでいるものを言語化し意味づけ

る必要がある。

　例えば、報告Dでは、学習機会を保障するということを従来の枠組みを拡げて把握する必要があることも示されている。この点については、「学校が休みになると、平常時よりも家庭の影響が前景化することが懸念」されることについて、「教員にとっても慣れないオンライン教育を進めていくとなれば、教育格差への対応が平時よりも後手に回る恐れ」がある。「デジタル環境の整備だけではなく、不利な子どもたちの学習機会を保障するための対策」を立てる必要性に関する指摘もある^{註3}。

3.2　コロナ禍における「高校内居場所カフェサミット」

　次に、「答申」でも着目されている学校の「居場所」機能との関係が深いものの一つとして、10月に開催された「高校内居場所カフェサミット」で話題となったことを紹介する（開催は感染対策について検討を重ねて準備をし、「リアル会議」で実施した）。

高校内居場所カフェ

　高校内居場所カフェ^{註4}はNPOなどの支援組織と学校が連携するかたちで、まず大阪で始まり、神奈川がそれに続き、現在、全国的に展開し始めている。

　居場所カフェは、「家庭（ファーストプレイス）でも学校やバイト（セカンドプレイス）でも緊張状態に包まれる子どもたち生徒たちにとって、気楽に立ち寄れるサードプレイス」として位置づけられている。大人にとっても、家というファーストプレイスと職場というセカンドプレイスに加え、サードプレイスが必要になることがある。生徒も家と学校の往復だけではやっていけないこともあり、生徒たちが毎日行く学校というセカンドプレイス内にサードプレイスをつくることによって、「緊張の解きほぐし」が進み、そこが「安全・安心」の居場所となり、「ソーシャルワーク」の起点となることがある。学校の生徒の状況、あるいは運営するNPO団体によって様式や規模は様々だが、それぞれ飲食の提供だけではなく、様々な行事を組み込むとか、相談の場とつながるなどをして独自の展開をしている。比較的制約がなく、学校の伝統的分文化とは異なる多機能型の組織

でもあるし、学校内や学校外の組織とも結合可能である。

　この高校内居場所カフェは全国一斉休校の要請がつくりだした状況の中で、生徒が来ない以上、閉店状態となった。

　学校との契約で卒業生とは連絡がとれていて、かなり深刻な状況にも対応はできたが、在校生とは連絡が一切断たれたかたちとなった。支援ネットワークが突然寸断されたのである。

　6月上旬から学校は順次再開されていったが、居場所カフェの再開は学校によって6月から10月というように様々であった。再開されたカフェでは、生徒の「さびしかったよ」という声で始まったところもあるが、感染予防という観点で、様々な制約の中でカフェが再開された時期に、この会議は開催された。

居場所カフェの「ディテール」への気づき

　学校再開後、感染防止上の制約がある中でやってみて気づいたことがある。飲み物をボトルで提供するという新しいルールができた。「些細な話」かもしれない。以前は、紙コップに生徒が飲みたいものや名前を書いて、スタッフが名前を呼んでそれを受け取ることが関係性の形成の第一歩になっていた。例えば、カフェマスターが飲み物をつくって提供すると、その味について、薄いとか、濃すぎとかの生徒のやりとりがある。次に来た時に、濃いのが好みだよねというやりとりがあって関係性の形成のハードルが下がる。

　感染防止の観点で、カウンターの内側にカフェマスターやボランティアのスタッフがいて、ボトルや包装された菓子を受け取るという形になったので、滞在する時間が短くなった。その場で飲めるし、食べられるのだが、それが終わるとすぐに出て行ってしまう。以前であれば、少し騒ぎ過ぎた生徒がお詫びということで、自発的に皿を洗うボランティアをするためカウンターの中に入り、ボランティアの横に立って一緒に皿洗いをする場面があり、その中で何となく悩みの一端をふと口にすることがあり、この関係性が次の段階にうまく結びつくことがあった。

　様々な制約があってできなくなったことで、微妙なディテールとでもいうべきところからの相談が立ち上がるものだったという気づきがあった。カフェサミットでは、暗黙知として何となく実行されていたものが、この

ように言語化される場面がみられた。関係性形成不全のリスクが高まることが明確になったので、この気づきを次の展開にどう生かすかが課題となるだろう。

学校組織の「コリをほぐす」居場所カフェ

　この居場所カフェについては学校改革と関連させて捉えることもできる。「学校を変革して、ティーンエイジャーにとって居心地がよく、ものすごくつまらないというわけでもなく、少しずつハッピーな学校にしていくためには、カリキュラムや評価の方法でもなく、もちろん『ぶっ壊す』系の改革でもなく、EdTechのような新しいように見えて実は既存の学校システムからはみ出していないやり方でもなく、じんわりあたためて『コリをほぐす』ようなアプローチのほうがあっている」として、居場所カフェのストラテジーは「新しい別の文化をささやかに学校の片隅に持ち込みながら少しずつ『コリをほぐす』ものである」という示唆的なコメント[注5]もある。

　これは組織文化の変革に関わる指摘である。学校の組織文化は「型に嵌まった枠組み」があるが、それを否定する側でも、「型に嵌まった枠組み」で批判することが多い。デジタル化社会への意識変革を迫るという言い方もかなり効率化を追求するという意味でさらに強固な枠組みを感じさせる。しかし、この場の雰囲気はなかなかよいというじんわりとした経験を言語化することでしだいに確実に変化するものがある。

　学校での取り組みは試行錯誤のプロセスであり、その取り組みの中には、前節で言及したリスクの様々な形態の中で声に応答する動きなどが含まれており、今後の学校づくりの萌芽と言えるものがあった。

　次の節では、こうした点も踏まえて今後の動きをつくりだすための具体的な手がかりについて考えてみたい。

4.　子どもたちの危機的な状況に対応できるアプローチ

　2020年12月のユニセフのレポート「家族と子どもがCOVID-19を乗り越える支援〜高所得諸国における社会的保護（ソーシャル・プロテクショ

ン）」(UNICEF［December 2020］Supporting Families and Children Beyond COVID-19 Social protection in high-income countries／タイトル及び引用文は筆者訳）は、日本を含む高所得諸国における子どもの置かれた状況を把握するために、「生態学モデル」を採用した「子どもたちに敏感なアプローチ」を提案している。

サブタイトルにある「高所得諸国」とは、経済協力開発機構（OECD）加盟国とEU諸国で、日本を含む41か国である。

レポートでは現在のコロナ危機対応の施策の不十分な点を以下のように述べている。

今後5年は子どもの貧困が拡大する見通しを示すとともに高所得諸国の政府は、新型コロナウイルス対策としてGDP（国内生産額）の世界の総額の8％に相当する計10.8兆ドルを支出したが、そのうち、子どもや子育て家族の支援のための支出はわずか2％にすぎず、子どもの支援を明示した施策を実施している国は約3分の1であり、実施している国も、施策の期間は約3か月にとどまっている。

未曾有の事態とウェルビーイング（well-being）の危機

現状の深刻さに関する認識は次のように示されている。

COVID-19は、高所得諸国が何世代にもわたって経験した中で最大の危機となっている。多くの国が2007年〜2008年の世界的な金融危機を経験しているものの、これまで、このような危機に対処した経験はほとんどなく、具体的には、健康と福祉サービスを、その現在の能力を超えて拡大し、人びとの移動を制限したり、職場閉鎖や学校閉鎖をしたりする必要にも迫られた。未曾有の、つまり、すべての諸国の経済及び社会にとってまったく経験のない事態であり、その意味で新しい深刻な諸課題を生み出している。それらが次から次へと浮かび上がる中で、子どもたちは、自分たちの生活水準が低下し、個人のウェルビーイングの水準が低下する最大のリスクにさらされている。

こうした事態に直面して、レポートではこの危機が子どもたちにとって何を意味するのか、子どもたちをこの危機の悪影響から確実に保護するために何ができるか、を問いかけている。

「危機からの復興」のための「子どもたちに敏感なアプローチ」

　このような危機において、子どもたちに着目するアプローチの意義はどこにあるのか。

　まず、「子どもたちほど未来を的確に表現している社会集団はいない」ことを前提としている。したがって、「危機からの復興（crisis recovery）」に向けての「子どもたちに敏感なアプローチ」が必要になるとしている。この点は、前述の「政策概要Ⅱ」の「Response & Recovery」という方略と重なるものがあるが、さらに具体的に、「子どもたちの危機的な状況に敏感に対応できるアプローチ」の必要性が明示されている。

　そのアプローチとは、「子どもが悪影響として様々な害悪を被らないように保護されていること、子どもたちへの様々な支援が相互に結びつくように複数の支援の輪が保持されるかたちで安全性が保障されているものとなっていること、子どもたちが優先的に対応されるべき社会集団（グループ）と見なされること」をその要件としている。

　また、このアプローチは単に子どもたちへの善意によって達成されるものではなく、「将来の世代である子どもたち」が、「COVID-19などの危機を回避するための力を身に付ける（実装される）ことを確実にする」ために不可欠なものであるという位置づけをしている。その上で、「子どもや家族の社会における格差（不平等）をさらに悪化させない方法で、危機からの復興をマネジメントする」ことが可能であるし、そのようなアプローチの実践を蓄積する中で「子どもたちの未来を確実に守ることができる」という展望を示している。

　この危機の中で子どもたちが将来に備えるために何を学習するのかという観点を含めたマネジメントが求められている点に着目したい。

生態学モデルによる状況把握

　このレポートでは、COVID-19がさまざまな形態で間接的に子どもたちのウェルビーイングに悪影響を与えることが不可避的であると述べられている。

　これらの影響をどのように把握することができるか。そのための概念的な枠組みとして生態学モデルを使用している。生態学的環境とは「それぞれが次々に組み込まれていくような、位相的に同じ中心をもつ入れ子構造

のように考えられる」として、それぞれの構造を、マイクロ、メゾ、エク
ソ、マクロシステムと呼ばれるとしている。

　マイクロシステムとは、「具体的な行動場面」において、「発達しつつあ
る人が経験する活動、役割、対人関係のパターン」である[註6]。

　COVID-19は子どもたちを取り巻く様々なレベルに影響を与えるのであ
るが、この生態学モデルを枠組みとすることによって、マクロシステムと
しては同じ社会的条件にさらされるとしても、それはマイクロシステムと
しての子どもの生活にはかなり異なる、不平等な、格差のある影響を与え
ることがあることが明確に把握できる。

　COVID-19が子どもたちのウェルビーイングに与える影響は次の図1の
ように、カスケード風（階段状に上から流れる状態）の展開になる。

　まず、マクロシステムのレベルでは、コンテキスト（社会環境）には、
GDPの低下、失業率、社会的緊張の高まり、環境の変化などの影響があ
る。また、COVID-19への対応として採られる政策によって、医療サービ
スへの負担が高まり、学校閉鎖があり、新たな貧困化が生まれる。次に、
メゾシステムとして、COVID-19は、ネットワークのあり方や、使えるリ
ソース（資源）、人々の間の関係性、採り得る活動の形態にも影響を与え
る。つまり、その結果は、マイクロシステムとして子どもの生活に着目す
ると、マクロシステムレベルやメゾシステムレベルでのCOVID-19の影

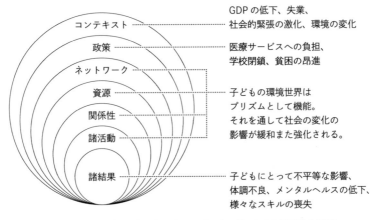

図1　COVID-19が子どもたちのウェルビーイングに与える波及的な影響

Source：Rese et al., (Forthcoming in 2021)

響が重層的にマイクロシステムに集中し、子どもへの不平等な悪影響、体調不良やメンタルヘルスの低下、スキルの喪失などが顕れる。

　特に重要なのは、「子どもの周囲の環境世界」は「プリズム」として機能しているところである。それを通してマクロシステムの社会の変化の悪影響が軽減されたり、あるいは逆に昂進され、激化したりするという指摘である。例えば、学校内の、あるいは学校内外のレベルは、施策がいろいろ上から流れ込んでくる位置にもあり、それがどのようなプリズム、あるいは緩衝材となり、それらを通して何がどのようにして子どもたち自身の生活に流れ込むのか、という問題である。

　例えば、「学校閉鎖という施策」（マクロシステム）は、「家庭の資源や人的資源」（メゾシステム）に応じて子どもたちの生活にかなり異なる影響を与える。例えば、子どもが「インターネット、本、または静かな学習場所」にアクセスできず、保護者が「学習をサポートする時間、スキル、キャリア（関係）を備え」ている状況にはない家庭の子どもは、「家庭環境が教育の進歩を支援している子ども」よりもうまくいく可能性が比較的少なくなるリスクを抱えている。

　同時に、この危機が「家族への直接的な影響、さらに経済的影響」を及ぼす状況は、保護者にとっては、さらに仕事へのプレッシャーが高まることを意味し、子どもが自宅でさらに責任を負うべきことが増えることにつながるリスクが高まる。このため、学業（活動）に費やすことができる時間が短縮される。したがって、学校が閉鎖された場合に必要な介入は、資源の不平等に対処しようとするものとなる。

　ここでは、家庭における資源や関係性というメゾシステムに着目しているが、それは学校における資源や関係性、活動などがどのようなものであるかによって、そのプリズムがどのようなものであるかによって、マイクロシステムの子どもの状態は変化する。

　危機の文脈の中で、子どもの周辺にあるソーシャルネットワーク、リソース、関係性、活動が子どものウェルビーイングに具体的な影響を与えるのである。それらによってリスクは軽減されたり、昂進されたりする可能性がある。

生態学モデルの限界

　生態学モデルでは、同心円状の中央の子どもの状態に、新型コロナウイルスによる危機の影響が社会的・政治的なものの中にプリズムとして機能するものが入れ子のように入っており、さらにそうしたプリズムとして機能するレベルのメゾシステムの中に、マイクロシステムとして、子どもの状態があるという把握の仕方である。マイクロシステムのみに着眼するのではなく、より広い様々な文脈において子どもをとりまく世界を考えるという点では価値がある。

　しかし、この図式で把握できることにはある種の限界があるという指摘がある。

　Y・エンゲストロームは、このようなモデルについて、「文脈を、行為している人間を取り巻く外皮、あるいは容器としてとらえるもの」であり、「人形の中にひとまわり小さい別の人形が入っているロシア人形のマトリョーシカ」のように、「本来的に静的で閉じたものになる傾向がある」と指摘している註7。

　そして、このような捉え方では「小さい円がより大きな円によって階層的にコントロールされ、制約されて」おり、このモデルでは「動きや相互作用、矛盾」を把握し、新たに「文脈自体を構築したりすることは難しい」としている。

　文脈については、これは英語のコンテキスト（context）であるが、既にM・コールが、「ともに織りなす（to weave together）」というラテン語の語源について触れる中で、「文脈は、互いに編み合わせられた行為の繊維を、あるいは糸によって構成」され、人間の活動がそれ自身の文脈を創出し、歴史的で相互的な継続した運動の中にあるという捉え方の起点をつくっている註8。

　生態学モデルはCOVID-19によるパンデミックの危機が子どもにどのように影響するかを理解するためにはある程度役立つモデルである。具体的には、新たな活動を創り出すのに必要な条件も、ある一定程度明確になる。しかし、具体的にどのような関わり方をすることで新たな活動が生成されるのかについてあまり明瞭にならない。

　次の節では、学校で可能な新たな文脈の形成について、マイクロシステムにおける実践について考えてみたい。

5. マイクロシステムを基点とする
　新たなコンテキストのつくり方

　前節では、コロナ危機への対応のために「子どもに敏感なアプローチ」の必要性について触れた。このアプローチについて、子どもの危機的な状況に敏感に気づき、さらに、子どもと共に新たな文脈を創出できるアプローチについて「子どもの周辺にあるソーシャルネットワーク、リソース、関係性のあり方、諸活動」がどのようにツールとして機能するのかについて検討してみたい。

5.1　活動システム

　コロナ危機による様々な動きの中で、人間の活動は新たな文脈を創ることを起点とするという考え方の起源を辿ると、ロシアのL・S・ヴィゴツキーの主体、対象、媒介の三項関係を分析単位とする三角形で活動を捉える方法論に行き着く。L・S・ヴィゴツキーは媒介を「心理的ツール」とし、主体はそれをレンズのようなものとして対象を把握していると考えた。

　私たちは日常生活においてさまざまな心理的ツールを使って対象を把握している。地図も見知らぬ土地を把握するツールであり、また人は図によって内容を把握している（図2）。

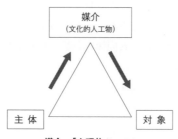

媒介＝「心理的ツール」

「言語、計数システム、記憶術、代数のシンボル・システム、芸術作品、文字、略図・図解・地図・図面、その他いろいろな符合・記号等」

Выготский.Л.С.(1930)Инструментальный метод в психолохии. Собрание сочинений　том первый.(1982)

図2　L・S・ヴィゴツキーの三角形

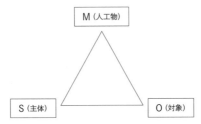

図3　基礎的媒介三角形

マイケル・コール著 (天野清訳)『文化心理学〜発達・認知・活動への文化──歴史的アプローチ』新曜社より

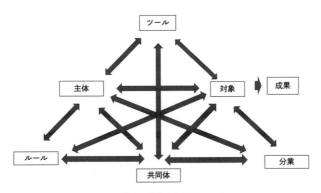

図4　活動システム

Y・エンゲストローム『拡張による学習』(1987) より引用

　M・コールはこれを次のような簡略な図でその構図を示している（図3）。

　A・N・レオンチェフはヴィゴツキーの分析単位に分業というコンセプトを導入した。分業は共同体の成員間の社会的分業であり、そこでは、成員間の相互作用を統制するためのルールが必要となる。したがって、人間の活動を理解するためには、共同体、分業、ルールという3つの構成要素を位置付ける必要が出てくる。

　主体、対象、ツール、共同体、分業、ルールという6つの構成要素の関係性を踏まえて、エンゲストロームは活動システムのモデルを考案している（図4）。

5.2　スクリプトの統制と攪乱 ^{註9、註10}

　媒介によって人は対象を把握するのであるが、通常、人はあるスクリプ

5.2　スクリプトの統制と攪乱 [註9、註10]

ト（台本）を媒介として活動している。スクリプト（台本）は、書かれた
ルール、プラン、指示という形で成文化されることもあるが、暗黙のうち
に身につけられた伝統として刻み込まれたものもある。

　ところで、スクリプトについては、人はあまり疑問視することはなく、
何らの検討を加えることもない。したがって、スクリプトはあたかも人を
背後からコーディネートしているかのようである。つまり、スクリプト
（台本）は日々の組織としての仕事においては役に立つものであることは
確かであるのだが、人が、自分自身が従っているスクリプトを十分に意識
していることは稀である。

　順調な仕事では人はスクリプトを疑うことなく、それに準じて仕事をし
ていれば何とかなるということでもあるのだろう。しかし、仕事上では時
として思わぬ擾乱（Disturbance）が起きる。教職員のスクリプトが常に
教職員を通して機能しないこともある。

　教室での生徒のカウンタースクリプトが優勢になることもあるし、さら
に教職員と生徒との間に第三のスクリプトが成立することもある。

　擾乱は教職員のスクリプトからの意図せざる逸脱である。擾乱は、現場
の伝統的なスクリプトについて理解が難しいとか、同意できないとか、拒
否とか、反対の表明としていろいろな形で顕れる。擾乱について分析して
いくと、それが組織において「内在し続ける病原菌や弱点」を示すもので
あることがわかることがある。

　ある現場の擾乱が組織におけるより広い構造的な緊張の方向を示すこと
もある。言い換えると、擾乱は、マイクロシステムレベルの出来事とマク
ロシステムレベルの構造との間の相互の関連性を理解するための強力なレ
ンズを提供する潜在力をもっているのである。ある意味で、これまでの
様々なスクリプトの秩序が危機に陥ることであるが、何か新しいスクリプ
トが生成される契機にもなり得る。

5.3　教職員と生徒の間の関係性の転換

　ここでは、学校内の関係性には教職員と生徒との関係性、教職員と保護
者との関係性、教職員相互の関係性などがあるが、前節の論点との関係で
言えば、これらの関係性が「プリズム」として生徒に影響を与えるのであ

る。その理由は、教職員と生徒の関係性のあり方によって、様々なプロセスが構成されることとなり、そのプロセスの中で「生徒に敏感なアプローチ」が成立するかどうかが決まるからである。

　筆者は、インクルーシブな学校づくりをテーマとして、現場でのマネジメントの試行錯誤をしてきたが、その中で生徒指導というジャンルは、関係性の在り方を問われる場面が多く、また、かなり複雑な背景として様々なスクリプトが浮かび上がるケースが極めて多いと考えている。様々な課題を抱えている生徒の状況に鈍感であれば退学リスクが高まるが、敏感であれば退学のリスクが低減化するという現象もみられる。これまで述べてきたような「敏感なアプローチ」について、今既にできていることとして吟味することができる分野である。

　そこで、生徒指導を取り上げて、教職員と生徒との関係性に限定してこのあたりのことについて考えてみたい。

　例えば、「あの生徒は『うちの学校』に合わないよね」という発言や認識があることに気づくことがある。このような発言は時には、他者を何故か沈黙させる「殺し文句」として機能することがある。敏感さが損なわれるようなスクリプトが支配するリスクについて敏感でなければならない。

　ある生徒指導の場面について関係性のあり方を軸に考えてみることにする。

　生徒指導の事案には重要であるが気がつきにくいものがかなり紛れ込んでいることが多く、それに気がつかないと意図せざる結果として敏感なアプローチどころではなく、鈍感なアプローチになることが多いからである。

関係性の第1レベル

　朝の遅刻指導の場面で、遅刻をしたのに急ぐ様子もなく、校則違反で、鞄をもっていない生徒が、教職員の注意に耳を傾けることなく反抗的な態度をとっているとする。

　その生徒に関するこのような表現にはその前提として、教職員にはある前提となる台本（スクリプト）がある。「生徒がこのような場合には、注意に耳を傾けて、『これから気をつけます』と言う」というような書き込みがある台本があり、それとのズレに違和を感じることになる。この生徒に関して、「本校の生徒としてふさわしくない」という形で否定的な定義、

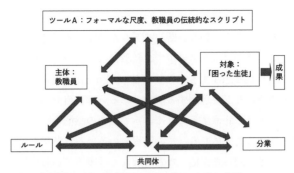

ツールA：フォーマルな尺度、教職員の伝統的なスクリプト

主体：
教職員

対象：
「困った生徒」

成果

ルール

分業

共同体

図5　教職員と生徒の関係性における第1レベルの活動システム

あるいはマイナスのイメージが固定化すると「うちの学校に合わない」という認識が強固になり、そのようなレンズを媒介としてその生徒を見ることになる。「色眼鏡」で見ることになるが、媒介に主体が制約されることにもなる。生徒の状況への気づきはかなり遠のいた形になる。

　教職員を主体として生徒を対象としてこの状況を図式化すると、先の活動システムの図を使えば次のようになる。仮に、これを「関係性の第1レベル」（図5）とする。このレベルでの動きが優勢となると、排除的な方向性が強く働く組織となる。

関係性の第2レベル

　そのような出会いがあった生徒に下校時に「明日は遅刻しないようにね」と教職員が声をかけることがあった。朝の遅刻指導の場はフォーマルな指導の場であるが、ここでは立場の違いは当然あるとしても、インフォーマルなコミュニケーションの場であるが、「私のこと、覚えていてくれたの？」という声が返ってくることがある。この瞬間に、教職員はこの時までの対象化された生徒像が少なくとも一部は崩れることに気づく。その動揺の瞬間の中で、その生徒が何か大変なものを抱えているのではないかという直感が働くかもしれない。

　この瞬間に、これまでの生徒の捉え方ではどうも解決できないのではないか、この生徒をどう捉えたらよいのか、という不安定な状況が生まれることになる。生徒の状況をもう少し詳しく知りたいという動機、その生徒からもっと話を聴きたいという動機、あるいは、この生徒をよく知ってい

る教職員の話を聴く動機が生じる。今までの捉え方ではおそらく解決でき
ないものがあると考え、新しい解決モデルを探索する学習のプロセスに入
ることになる。そのプロセスの中で、教職員は、自分が生徒の立場だった
らどうふるまうかと想像するかもしれない。Empathyという言葉があるが、
他人の感情や経験などを理解する能力、あるいは、自分がその人の立場だ
ったらどうだろうと想像することによって誰かの感情や経験を分かち合う
能力が発揮されることになる。この過程でいろいろな背景がわかってきて、
この生徒は実は「困った生徒」などではなく「困っている生徒」であるこ
とがわかることもある。これを「関係性の第2レベル」とする（図6）。

　この時、これらの状況を把握しつつある教職員にも支援的な環境が必要
となる。どうしたらよいのかについて同僚と話題にできる契機があると、
この不安定な第2レベルから脱却して、後述するインクルーシブな「第3
レベル」に達して、なんらかの新たな活動を生み出せることになる。

　しかし、そのような環境がない、もしくはかなり疲弊している場合、そ
の教職員は孤立して行動せざるを得なくなり、フォーマルな標準的な尺度
が意図せざる結果として優先されることとなり、第1レベルに退却してし
まうことになる。その意味で、第2レベルは、インクルーシブ（包摂的）
な学校組織とエクスクルーシブ（排除的）な学校組織の分岐点となる。同
時に、これは生徒の状況について敏感に対応できる組織となるかどうかの
分岐点でもある。疲弊について触れたが、どうでもよい仕事が職場に充満
していると、次のレベルに到達することは難しくなる。

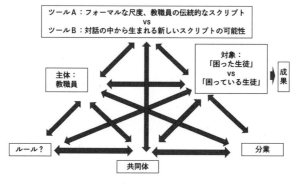

図6　第2レベルの関係性

関係性の第3レベル

　生徒指導の対象となっている「困った生徒」について担任も交えて教職員同士で話題にしている時、いくつかの転換が起こる。当初は「あの生徒にも困ったものです」という担任の言葉に沿った流れがあったとしても、インフォーマルなコミュニケーションの中で、その生徒に関するエピソードなどがあれこれ話に出てくる。「けっこう友達思いなところがある」、「がんばって弟の弁当をつくっている」といった話が出ることもあり、当初よりも教職員の顔が明るくなることがある。しかし、何とかもう少しちゃんとしてもらわないといけないという話になると、困った顔になることがある。これは第2レベルである。さらに、今、その生徒とは、家の中での話について、卒業後はどうするんだという話が出てきており、アルバイトをして将来の進学にそなえようとしていることなどについても、その生徒と一緒にいろいろと考えているという話になることがある。

　この第3レベルでは、生徒は対象の位置から主体の位置に転換している。教職員の側から考えれば、生徒がこちら側に回り込んでくるという捉え方になるが、生徒の側から考えれば、教職員がこちら側に回り込んでくることになる。その結果、教職員と生徒が共に考える構図になることで、一人称複数である主体、「私たち」という主体が将来の生活という対象について、どのようなレンズやツールを使ったらよいのか、どのようなネットワークを使える可能性があるか、学校内の資源（リソース）としては何を活用したらよいか、学校外の資源（リソース）が利用できるのではないか、を考える活動という構図になっている。これが「関係性の第3レベル」である（図7）。

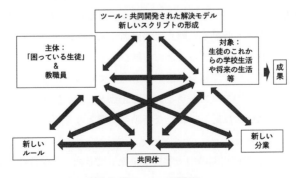

図7　第3レベルの関係性

「子どもの危機的な状況に敏感に対応できるアプローチ」の基盤としての第3レベル

　この第3レベルでは、生徒指導事案も将来への方向付けの中で一つのよい契機となることがある。この関係性は時には現実の厳しさにより緊張関係が生まれることもある。それぞれの立場があり、当事者でないとわからないし、言えないこともある。その意味で融合することはなく、それぞれの立ち位置を保ちつつのコミュニケーションとなるので、それが安定したものであり続けることはあまりない。しかし、長期的な展開の中で時々振り返る機会をもつことにより次の展開が開発されることになる。

　また、生徒との対話を話題にした教職員同士の対話が誘発され、生徒をある一側面、肯定できない側面で「困った生徒」として取り上げて語るのではなく、様々な側面をもち、つまり複数のアイデンティティをもっている人間として付き合うことができるようになる。

　複数の教職員が関わる中で、ステレオタイプな見方・考え方が砕かれる機会が増える。

　そして、それまでの指導を振り返る時に、これまで生徒を対象化してきた媒介（レンズ）が、実は様々な可能性を、そのような見方をしていなければ実現したであろう可能性をかなり制約してきたことに気づくこともできる。今の見方・考え方でよいのかどうかをふりかえることで、生徒の状況を敏感に把握できるインクルーシブな学校組織ができる可能性が高まるのである。

　このように生徒との対話や教職員の間での「対話のフロントライン」を起点とするアプローチは、前節との関係で言えば、先に述べた「子どもの状況に敏感なアプローチ」の核心とも言える。このアプローチにより、生徒の自己責任という呪縛から離れて共に考えることが可能になり、生徒のウェルビーイングを保障することにも結びつくのである。

　パンデミックという未曾有の事態に遭遇している今、学校内での関係性のあり方が「対話のフロントライン」を起点として、生徒の声に応答し、生徒の状況に敏感に反応し、新たな活動の契機となる可能性を追求することが求められている。

　「答申」では、学校再開の中で学校が果たしてきた「学校教育の本質的な役割」として「安全安心な居場所・セーフティネットとしての身体的、精

神的な健康の保障」が位置付けられているが、このような機能を発揮する学校づくりにおいては、おそらく「対話のフロントライン」における関係性の転換のプロセスがその基盤として位置づけられるべきであろう。そして、その到達点の第3レベルの「共に考える立ち位置」は、実は関係規定的存在（relational-being）である。学校教育については一人ひとりに着目し、個人としての生徒を境界的存在（boundary-being）として捉えることが主流であり、そうした枠組みで生徒を把握することも一定の有効性はある。これまでの関係性の記述は個人としての教職員や生徒という取り上げ方をしてきたのだが、学校としてウェルビーイング（well-being）を実現するという方向性の中では、そうした個人モデルではなく、関係性を前提として「関係規定的関係性」として捉えることが重要であると考える[註11]。

「答申」では、「生徒指導上の課題の増加、外国人児童生徒数の増加、通常学級に在籍する発達障害のある児童生徒、子供の貧困の問題等により多様化する子供たち」に対応して、「多様化を軸にした学校文化」の形成について触れ、「様々な背景により多様な教育的ニーズのある子供たち」に対応するためには「多様で柔軟な仕組み」が必要であるとしている。この仕組みづくりの鍵は、生徒指導を例に挙げて説明した、マイクロシステムにおける「対話のフロントライン」が自発的に展開されることにある。

この節で述べてきた「関係性の転換のプロセス」は、教職員がこれまでの解決モデルで乗り越えられない局面に出会って、混乱の中で、これまでのスクリプトを書き換えて、それを生徒と共に協働という様式で新しい解決モデルを模索するプロセスであった。それは次節で述べる「学習のプロセス」のひとつであるとも言える。特に、その起点として位置づけられている動機づけに着目することで、「子どもの危機的な状況に敏感に対応できるアプローチ」が洗練される可能性がある。

また、この学習のプロセスはこのコロナ危機において着目されているデジタル化への対応についても示唆があるかどうかも含めて、検討してみたい。

6. 学習のプロセスという枠組み

先に述べたように、「答申」では学びについて「二項対立の陥穽」に陥ることなく、対面とオンラインの「ハイブリッド」な様式で把握するという論点整理がある。どちらかを選択するのか、両方が重要なのだという構図ではなく、「学習のプロセス」という枠組みで多様な学びについて考えてみたい。

6.1 学習のプロセス

「学習のプロセス」については図式化すると次のようになる（図8）。これはY・エンゲストロームの著作[註12]を基にして作成されたものである。

今回の学習指導要領の初期の検討段階で、具体的には、第二回教育課程企画特別部会の資料の中で初めて紹介され、「教育課程企画特別部会　論点整理」（2015）や「幼稚園、小学校、高等学校及び特別支援学校の学習指導要領等の改善及び必要な方策について（答申）」の付属資料として掲載されている。

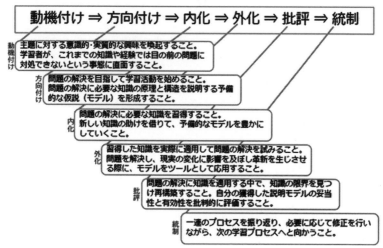

エンゲストローム（ヘルシンキ大学教授）著『変革を生む研修のデザイン』(松下佳代・三輪建二 監訳) を元に作成

図8　学習プロセスのイメージ（例）

　これが登場する経緯について少し触れておく。第一回教育課程企画特別部会では、「アクティブラーニング」について議論があり、「テクニックではなく、学ぶ意欲につながるようにすべき」であり、「手練手管にならないよう、なぜその方法が妥当なのかを考えることが必要」であること、さらに、「学習のメカニズムに関する様々な知見を共有して議論を進めるべきである」などの意見があった。この図は第二回目の部会で、こうした意見に対応する形で紹介されている。

　「学習のプロセス」は「動機付け、方向付け、内化、外化、批評、統制」のステップにより構成されていること、「内化」すなわち「知識の習得」、それから「外化」すなわち「習得した知識を適用して解決を試みる」という諸段階を「しっかりと踏まえたプロセス」であり、「単に知識の記憶ということ」にとどまらない「学習の深いアプローチ」との関連が深いものとして説明されている。

　学習指導要領解説を見ると、各教科の中で「動機付け」や「方向付け」というコンセプトが記載されているのは社会科あるいは「総合的な学習の時間」などに限定されているが、学習のプロセスのイメージは漠然としてあまり明確ではない。

　以下、この「学習のプロセス」、次に教授機能、さらに教授形式と社会様式についてエンゲストロームのテキストに則して少し掘り下げて考えてみたい。

動機付け

　動機付けについては興味を喚起することと一般的には理解されているが、これに加えて、「これまでの知識や経験では目の前の問題に対処できないという事態に直面すること」となっている。つまり、「学習者が認知的コンフリクト（葛藤）を経験し認識していることを前提」としており、コンフリクトは、「実践的な問題状況において、生徒のそれまでの概念では十分解決できないがゆえに解決を探究する中で、認識される」とある。課題に直面して、これまでの概念や方法ではやっていけないことが明らかとなることで初めて成立する。

　実質的動機付けが生じるのは、「生徒が、自分の知識や技能と自分が直面している新しい課題との間にあるコンフリクトを経験し認識する」局面

であるとして、そこでは学習者は問題の前で立ち止まり、「自分の知識と技能を批判的に評価すること」以外には「その問題を切り抜ける方法はない」ことに気づくことに着目している。その時に、なぜうまくいかないのか？　なぜわたしにとってこれは困難なのだろうか？　直面している問題を理解して根本的に解決しようという必要性が実感されるのである。

　動機付けの中核に位置しているコンフリクトにはいろいろある。両方とももっともだと思えるような二つの説明によるダブルバインド的な状況もあるし、先入観や態度と観察される現実との間にそれが生じる場合もある。したがって、学習の起点には、生徒が抱える矛盾や問題、生徒の知識の既有の枠組み、これから教授される新しい枠組みが注意深く分析されていなければならない。このような周到な準備を経て、コンフリクトによって実質的な動機付けが生まれ、学習活動が開始される。

方向付け

　「方向付け」については、「問題の解決に必要な知識の原理と構造を説明する予備的な仮説（モデル）を形成すること」である。実際には、様々な疑問に対する「説明力のある能動的なモデル」として独自の「レンズ」が求められる。問題現象については、それはどのようなものか？　どこに位置づけられるのか？　どこに分類されるのか？　どのように手続きを踏むか？　なぜ、こうなっているのか？　なぜこのような手続きを踏むのか？　これらの疑問を生み出す疑問として、どこから、どこに向かうものなのか？という質問もある。これらにおいては教職員がある資料を示して、生徒が疑問をもてるようにすることがあるかもしれない。生徒は図や表で答えることがあるだろう。新たなコンフリクトを生みだす図表があるかもしれない。

　また、どの疑問が軸になるのかも状況によって異なるだろう。すべてをチェックリスト風に問いかけるのは実際的ではない。この方向付けの段階をたどるうちに、生徒は「既有の理解」の仕方や問題への対処の仕方を次第に変えていくのである。

内化と外化

　次に、次第に課題の意味がわかり、自分の言葉にしていく内化の段階に入る。ここから、新しく獲得した解決モデルを実際に検証し、うまくいき

そうだったら実際に応用する外化の段階に入る。この2つの段階、内化と外化は特に試行錯誤の中で往復することは十分にあり得る。これらを経て、生徒は新しいモデルを「批判的に評価」し、修正をするかもしれない。

批評

　批評とは「自分の獲得した説明モデルの妥当性と有効性を批判的に評価」することであり、「課題を遂行する際にモデルを使用し、検討中のシステムがどのような現れ方をするのかを説明することを通して、生徒は自分のモデルの弱点と欠落をチェックする」のである。

　さらに「生徒はそのモデルが応用できる範囲を決定し、さらにそのモデルが拡張され、改訂される必要が出て来るような可能性のある問題をみつけようとする」。

統制

　統制は、「自分自身の学習自体を検討すること」であり、生徒はいったん立ち止まって、「新しいモデルの観点から自分の考え方とパフォーマンスを分析し、必要に応じてそれを修正し」、さらに「新しく獲得した知識をベースにして課題を解決する際の、自分の方法をチェック」することで、「生徒は意識的に自分の学習方法を改善しようとする」。

　このプロセスについて概略を述べたが、これは狭い意味での学習、教授・学習のレベルではなく、生徒指導なども含めた多様な領域でも展開されていることに気づくことが重要である。

フローチャートからサイクルへ

　学習指導要領に関する検討段階で使われた図8はフローチャート風に書かれているし、そのイメージに基づいた記述は答申や学習指導要領を解説したものなどにもみられる。

　しかし、実際に、この図式を活用して、実際の学校現場でインクルーシブな生徒指導や進路指導について実践し言語化してきたプロセスを振り返ってみると、流れ図のように線形的に進むことは稀であり、複雑に行きつ戻りつすること、そして、ある学習が終わるとしても、それが次の問題に

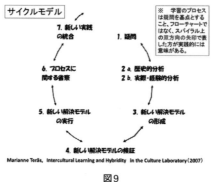

図9

直面することの始まりであることがむしろ常態である。その意味では、矢印は一方向でなく、双方向であること、さらに、フローチャートよりもスパイラル状に表層から深層に及ぶレベルに進んでいくイメージのほうがリアルである。「動機付け」を「疑問」とし、「方向付け」を「歴史的分析」「実際・経験的分析」としているが、最後の段階の先で、新たな課題に直面する（図9）。

6.2　学習のプロセスに即した教授機能

　学校での授業などの場面では、教授・学習活動の内的側面として、いわば生徒の心的な作業として、これまで述べてきたような「学習のプロセス」がすすむのである。

　動機付けの前に準備段階がある。教員は、例えばこの単元やこの授業で学ぶことの重要性やこれまで学習してきたこととの結びつきを明確にし、それから動機付け、方向付け、内化、外化、批評、統制というプロセスが実際には行きつ戻りつしながら展開されるのであるが、ここでは、特に統制について評価と関係することもあり、また、次の段階への契機として特に重要であるので簡単に触れておく。

　「統制」においては、教員は生徒の学習を評価するのであるが、生徒も自分自身の学習を評価し修正することが求められる。生徒は次のようなことについて自問自答する。

・自分のグループや自分は何を理解したか？

・学んだことによって自分のグループや自分は何ができるだろうか？
・逆に、自分たちが学びそこなったことは何か？
・自分のグループや自分は何を学んだのか？
・自分たちのやったことの弱みと強みはどのようなものだろうか？
・自分たちはどのような学習の方略を使ったのか？

　この際に、教員は、様々な評価や統制の手段を活用して、生徒が自分のパフォーマンスをモニターして評価することができるようにし、また教員自身の指導の質や結果についての情報を手に入れる。この局面で、テストのような統制技術は、生徒の中に道具的な動機付けを与えてしまい、序列化するのに使われることがある。正答数の測定はできるが、生徒が課題をどう理解したか、学んだことを創造的に応用しているかには着目しないことになる。それ以外の技法として、この単元を通して中心的なテーマをどう理解したかについて記述した日誌や、作業の成果物であるポートフォリオ、解決モデルに如何に達したかを説明する応用課題（レポート等）がある。

6.3　教授形式と社会的様式の組み合わせ

　教授学習プロセスは多様な教授形式と社会様式を組み合わせる形で進行する。

教授形式 (Instruction Formats)

　教授形式は次の3つに分類される。

○一方向的なコミュニケーションによるプレゼンテーション形式（Presentation Format）：これには、具体的には、教員による講義（レクチャー）、生徒によるプレゼンテーション（発表）、実演（実験など）、視聴覚によるプレゼンテーションなどがある。

○自学課題形式（Independent Assignment Format）：これは生徒が基本的には一人で行うものである。テストや試験、自立的学習のための課題、つまり、一人で実施することを前提としている演習や応用課題、割り当てられた読書課題や視聴課題である。

○協同的教授形式（Cooperational Instruction Format）：教員の質問に

生徒が答える形式や、教員が主導する意見・考え・経験の交換や相互交渉、教員がガイドしたり参加したりすることもある、生徒同士の協同的な演習や教授内容を応用した演習、ブレインストーミングなどのアイデアを生徒の間の協働で創出することなどがある。

社会的様式 (Social Modes)

　社会的様式は次のように分類される。教授・学習活動への参加者（教員や生徒、あるいはその他の人たち）が組織化される方法である。

○教室での対面指導 (Frontal Classroom Teaching)：だいたい20人から40人のグループが教員のインストラクションを同じ空間で共有する伝統的な様式である。

○個人ワーク：生徒がバラバラに分かれて行うものであるが、教室でもこの形態がとられることもあるし、宿題などではこのかたちが典型的である。

○少人数グループワーク：生徒が共通課題に取り組むものである。

○ペアワーク：課題によっては、このような組織化もある。

教授形式と社会的様式の違い

　教授形式と組織化は分けて考える必要がある。教授形式としての講義はしばしば社会的様式としての対面指導と混同されるが、ある少人数グループに対する講義のような一方向的なプレゼンテーションもあり得るし、メンタリングのように、ペアワークであるが、講師が参加することで意味が生まれるものもある。

多様な組み合わせによる「学習のプロセス」の展開

　これまで、エンゲストロームのテキストの内容を紹介してきたが、こうした2つの外的な枠組みとしての教授形式や社会的様式の様々な組み合わせがあり、その結果、どのような教授・学習の活動がすすみ、生徒はどのような学習のプロセスを実質的に辿ることができるのかに着目する必要がある。

　例えば、動画配信の教授形式を採用する前に、生徒の「学習プロセス」を考えて、動機付けで使うのか、方向付けのヒントとして使うのかを明確

にしておかないと、どちらも疲弊する結果になる。

　コンピューター導入の初期からCAI（Computer Assisted/Aided Instruction）として、プログラム化された教授、あるいは、その他の自学課題のための学習教材があったが、その後のテクノロジーの進歩の結果、組み合わせの中でどう利用するかの範囲は多方面に拡がりつつあるという展望もある。それらのツールは学習のプロセスの展開における教授形式と社会的様式の多様な組み合わせの中でどのような力を発揮するだろうか。

　最後に、この学習のプロセスについては、教員と生徒の教授・学習のプロセスとして述べてきたが、これを支援というコンセプトで考えてみる。

　学習者が何らかの活動において矛盾に直面した時、新しい解決モデルを構築する必要に迫られるのであるが、支援者もそれをどうするかをあらかじめすべて知っているわけではない。支援の内容はこの学習の活動に参加している学習者と支援者とのあいだの対話により共同構成されるのである。そのプロセスの中で主導権を握るのは参加者たちである。

　デザインされたものを学習者が抵抗することなくそのとおりに実行することが求められるような設定も見受けられるが、それらが抵抗なく受け入れられるものは少ないだろう。むしろ矛盾に直面している人が解決モデルを探し求める時には支援に抵抗するというかたちをとることが多い。学習のプロセスが新しい解決モデルを共に探究するものであるとすれば、誰かが差し示すものがそのまま最適解であることはむしろ稀であろう。支援はフローチャート的な線形的介入ではない。支援を試行錯誤のサイクルの中で、声を丁寧に聴くことで次第に育成される形成的なものとしてイメージする必要がある。

7.　まとめにかえて

　「コロナ禍」における学校づくりについて、子どもたちの抱えるリスクの多様性に着目し、子どもたちの声を聴き、応答し、復興という枠組みについて、国連の政策概要からの示唆を得て、この危機的状況の中での学校の具体的な取り組みを見る中で、その中に様々な萌芽があることをみてき

た。さらに、子どもたちの危機的状況を把握する枠組みとして環境によって規定されるのではなく、学習のプロセスを辿ることによって現場から共同構成できる環境もあり得ることを実践に基づいて示してきた。

　この「コロナ禍」における危機的状況は「終息」後もかなりの長期にわたり様々なリスクを生み出し続けると思われる。生徒にふりかかる多様なリスクを可視化するためには、先述したような対話的関係性が学校で成立していることが不可欠であり、これまで経験したことのない苦境から新しい解決モデルをつくることによって困難な状況から離脱するためには、学習のプロセスを丁寧に辿ることが重要であると考える。

　危機的状況の中では短期間のうちに多様な変化があり、リスクも複合的なかたちで変化する。その中での声に応答できる柔軟なコミュニケーションができて、現場の様々な関係性の中で解決モデルが創出される仕組みづくりが求められる。教職員にとっては、子どもの声や学校の内外で子ども支援に当たっている人々の声を聴くことの中で、学習のプロセスで言えば、様々なコンフリクトを動機とし、解決モデルを確実に粘り強く試行錯誤し、また振り返り、次の課題に向かうことが重要である。

　「答申」で提起されている諸課題で、組織的に子どもたちをケアすること、デジタル機器も含めて様々なツールを使いこなすことなどについては、学校内で対話のできる関係性の中で、様々な支援者と連携できる活動の中で、現場の教職員が関係規定的存在を前提として主導権を発揮できることが不可欠である。

　危機的な状況における諸課題の解決策については、どこからかもたらされるものではなく、現場に実は潜在的なものとして、教職員の試行錯誤の中で蓄積される実践知を基盤として、全体的な支援体制が構築されるべきである。

　最後に、生徒との対話的関係性の中で今後の展望を探る参照枠としてネル・ノディングスのケアリング論[註13]に触れておきたい。

　日常的な場面設定から話が始まる。
　「数学の教師である私は数学の苦手な生徒と話をしなくてはならない。その生徒は、数学が大嫌いである。このままでは学校ではやっていけない

かもしれない。数学が好きになるよう支援しなくてはならないだろう」。

　この状況を批判的に分析すると次のようになる。

　この時教師である私は「生徒の身に起こっている事実（リアリティ）を、私自身にも起こる可能性があることとしては把握しようとしていない。……教師としての自分の頭に浮かんだ事実（リアリティ）を生徒の上に投射して、数学が好きになるのを覚えさえすればそれでいいのだと考えている。……こうして、その生徒は私の研究と操作の対象となる。その結果、その生徒が依然として数学に興味・関心をもてないままでも、教師である私は、その生徒に失望することも、自分自身に失望することもないだろう」。

　ノディングスは、これは問題の立て方が違うとして拒否する。

　では、どうするのか。

　「できるだけ入念に、生徒の視点で眺めることを起点とするのだ。すると、声が聴こえてくる。『数学なんて考えただけでも気が滅入る、頭がごちゃごちゃになってしまう。もう限界だ……いったいぜんたいどうやったら、こんなものをやる気になるんだろう』」。

　このように問題を立て、「わたしたちは、教師である私とその生徒は、いっしょになってもがき苦しむ」。

　ケアリングの本質とは、このように、ケアするひとの観点からは、数学が嫌いな生徒に起こっているリアリティを理解し、できるだけ入念にそのひとが感じるままを感じとることである。

　教員は規則違反をした生徒にも対応しなくてはならないことがある。

　どのような場面でも「教師はケアする人として生徒を支えるためには、自分自身がケアをする人として生徒の前に現れる必要がある」。

　したがって、「規則を押しつけて満足しているのではなく、たえず、規則をケアリングという観点からの根拠と照合すること」が基本となる。具体的には、「教師はまずはできる限り最善の動機を生徒自身がもてるようにすること」が基本である。その規則や不正について丁寧に説明することになるのだが、「規則については、神聖にして不可侵なものとするのではなく、重きを置かれるのはケアされる人としての生徒であり、教師との関係の結果として、どのようにして生徒が主体的に倫理的な問題と取り組めるのか」ということが基本的な筋道となる。

　こうしたケアリングの実践的な取り組みを「同心円状」に広げていくこ

とをノディングスは提唱している。「答申」にある「こころのケア」はおそらく多方面で長期にわたって必要になるだろう。実践においてケアリングの枠組みを重視することにより、学校が「居場所・セーフティネット」、「ウェルビーイング」を実現する組織に近づいていけるのである。

教育政策はある意味で抽象的であり、不完全である。したがって、学校現場の実践との接点の中で絶えず洗練される必要がある。そうなるためには、この危機的状況の中でケアリングの感覚を身に付け、生徒と共に可能性を見出し、その実践について語る必要がある。

〔註〕

1　ユーリア・エンゲストローム著、山住勝広訳『拡張による学習　完訳増補版──発達研究への活動理論からのアプローチ──』新曜社、2020

2　ジョン・D・グラハム 他編集、菅原努監訳『リスク対リスク──環境と健康のリスクを減らすために』昭和堂、1998

3　多喜弘文・松岡亮二「新型コロナ禍におけるオンライン教育と機会の不平等──内閣府調査の個票データを用いた分析から──」、2020　https://researchmap.jp/read0153386/published_works

4　居場所カフェ立ち上げプロジェクト編著『学校に居場所カフェをつくろう！生きづらさを抱える高校生への寄り添い型支援』明石書店、2019

5　同上

6　U・ブロンフェンブレンナー著、磯貝芳郎・福富護訳『人間発達の生態学──発達心理学への挑戦』川島書店、1996

7　Yrjö Engeström、Studies in Expansive Learning Learning What Is Not Yet There、2016／ユーリア・エンゲストローム著、山住勝広監訳『拡張的学習の挑戦と可能性〜いまだここにないものを学ぶ』新曜社、2018

8　マイケル・コール著、天野清訳『文化心理学〜発達・認知・活動への文化──歴史的アプローチ』新曜社、2002

9　Yrjö Engeström、From Teams to Knots: Activity–Theoretical Studies of Collaboration and Learning at Work、2008

10　Marianne Teräs、Intercultural Learning and Hybridity in the Culture Laboratory、2007

11　ケネス・J・ガーゲン 著、鮫島 輝美・東村 知子訳『関係からはじまる―社会構成主義がひらく人間観（原題 Relational Being: Beyond Self and Community）』ナカニシヤ出版、2020

12　Yrjö Engeström、Training for Change: New Approach to Instruction and Learning in Working Life、1994／ユーリア・エンゲストローム著、松下佳代・三輪建二監訳『変革を生む研修のデザイン』鳳書房、2010

13　Nel Noddings、Caring: A Feminine Approach to Ethics and Moral Education、1984

特別寄稿

新型コロナウイルスパンデミックの
経験ごときで日本は変わらない
——パンデミックにかかわらず実現すべき政策

末冨　芳

　この一年、新型コロナウイルスパンデミックだから、という依頼が山ほどあった。そのことにうんざりしている。

　騒ぎ立てる人々に聞きたい。そもそもパンデミック前に、子ども若者を大切にできない脆弱な日本社会の政策制度を改善できなかったのは誰なのか。

　私自身も含め、その責めを回避することはできない。

　コロナパンデミック前に実現できていなかった政策は、コロナパンデミックの中で実現することはできない。

　医療経済学者の二木立氏はインタビューの中で次のように指摘している。

　そもそも「この十数年間に『100年に一度』は3回あったんですよ。2008年のリーマンショックも100年に一度と言われました。それから2011年の東日本大震災は1000年に一度と言われました。その度に世の中が変わると言われてきた」。日本では、死者数も少なくペストと比較して伝染性も低い新型コロナウイルスで、社会全体が変わるのだろうか。「私はコロナ以前も以後も、社会はそんなに大きくは変わらないと思います」と二木氏は断言している（岩永　2020）。

　私自身も同意見である。

　パンデミックであろうがなかろうが、子ども若者に対し優しくもないし、あたたかくもないこの国の政策制度を、地道に改善しつづけるしかないのである。

　どうしてもという強いリクエストでこのコメントを書いているが、これまでの私自身の提言を繰り返すしかない。

　末冨（2017）の抄録を示すのみである。

　私自身はパンデミック前もいまもこれらの提言の実現に全力を尽くしている。

　読者はどうなのか？

1. 「すべての子どもを大切にする」子どもの貧困対策
——これからの子どもの貧困対策の3つの視点

1.1 「すべての子どものウェルビーイング（幸せ）を大切にする」
——「弱さ」と「つながり」の大切さ

皮肉なことに、「すべての子どもを大切にする」という言葉を、もっとも心のこもらないお題目として乱発する存在として私が目にすることが多いのが、教職員である。

およそ心のこもらない言葉として「すべての子どもを大切にする」と発してしまうのは、「学力向上」や、「個人の独立性、自律性、自助努力を強調する」（松下　2009、p.52）、「生きる力」を育成しようとする教育改革を熱心に推進してしまうことで、現在の教育政策に内在されている「強さ」の文化に知らず知らずの間に思考を支配されてしまっているためであろうと、私には見える。学校や教育委員会に子どもの貧困対策の取り組みを紹介する場で、「それは甘やかしではないですか」と、断じられたことも一度や二度ではない。

もちろん、基礎学力の保障や、個人の自助努力も大切である。しかし、そうした人間の「強さ」を重視する思考にはまり込み、子どもや人間の「弱さ」への理解や共感が本質的に持てなくなってしまっているために、「すべての子どもを大切にする」ことに心をこめられなくなっている大人たちを、教育行政システムが作り出してしまっている側面があることを、教育改革にたずさわる関係者は自覚しておく必要がある。

OECDが重視する「異質な人びとからなる集団で相互に関わり合う」ことが、日本では学力（テストスコア）と対立するか両立困難なものとみなされ、高度経済成長期以降の「強さへの志向」を転換できないことが（松下　2009、pp.44-53）、排除する学校、そして排除する学校で育った大人たちでつくられる排除する社会の基盤にある。

一部の教育行政関係者とは対照的に、学校の中から粘り強くそして柔軟に、様々な課題を持つ子どもたちにアプローチしようとしつづけてきた教職員の存在が、「すべての子どもを大切にする」変革の底流にあることも強調しておきたい。

　学校の教職員と学校外の学習支援の実践者とが共に子どもが愛されていることを喜び合ったり、学校内にカフェができてワイワイできたり、ユースソーシャルワーカーのような高校生の目には「遊び人」に見える謎の大人が校内をぶらぶらしながら話しかけてきたり、学校の変革は予想外に面白い方向にも進化を始めている。

　それは、他者とつながりあうこと自体が、人間の幸せの根本にあり、学校の中や外にさまざまな「つながり」を持ちこむことで、子どもだけでなく、子どもにかかわる大人のウェルビーイングを大切にすることにもなるからである。OECDが重視する「異質な人びとからなる集団で相互に関わり合う」能力は、人間のウェルビーイング（幸福）とつながるから重要なスキルであり、日本の教育政策から捨象されるべきではない。

　「すべての子どもを大切にする」子どもの貧困対策、というアイディアは、大人に子どものウェルビーイング（幸せ）を大切にする思考を取り戻していくためにも、重要である。このためには、教育政策の「強さ」志向自体を、相対化していく必要がある。教育政策や教育実践における「弱さの力」に光をあてること、子ども同士が「わからない」ことや抱える課題を隠さず表明しあうこと、「弱さ」を共有する価値を見出し、「子どもたちが、幸福な生活と社会につながる弱さをわがものとしていくプロセス」にその可能性が見出されている（松下　2009、pp.53-58）。

　それは「ケアする学校」や、「すべての子どもを大切にする学校」につながる。「自己実現による幸福だけでなく、他者との交わりによる幸福をも射程に入れることができるようになる」転換を（松下　2009、p.58）、学校と社会に、子どもの世界と大人の世界にもたらす挑戦である。

　強調しておきたいのは、単に指標や検証に取り組むだけでなく、子どもに関わる大人たちが、本気で子どものウェルビーイング（幸せ）を重要だと考える姿勢で、大人自身の「弱さ」や子どもの抱えるつまづきや課題を共有する、その基本発想を共有することこそが、「すべての子どもを大切にする」子どもの貧困対策の基盤となっていくということである。

1.2 「普遍主義的で多元的な教育の機会均等」の実現
——選別主義を超える

　「すべての子どもを大切にする」という立場に立つときに、貧困世帯の子どもは高校を卒業して大学や専修学校に行かず就職すべきだ、という選別主義的な発想は、回避されるはずである。じっさいに、先進的な取り組みを行う自治体の政策には、選別主義を超える発想がすでに内在している。

　貧困世帯の子どもだけを対象とした支援策は選別主義であるために、貧困の当事者も利用をためらったり、支援をする実践者たちも葛藤を抱えたりすることになる。だからこそ、「すべての子どもを大切にする」発想が重要になる。

　箕面市では子どもの貧困対策について、貧困の連鎖を断ち切るためには「最低限の手当をしてあげる」だけでは不十分であり、「むしろ普通より高いレベルで」子どもの能力や自信を育て「社会的成功」に導くことを子どもの貧困対策の政策目標として掲げている（箕面市　2017、p.4）。

　貧困の当事者は「教育機会の均等化が図られた社会になってほしい」ということをあげている。

　ほんとうの教育の機会均等とは何か、という問いは別の言い方で言えば実質的な平等とは何か、ということである。低所得世帯の子どもは高校までの教育機会を保障して早く就職すれば良い、というような「最低限の手当」を保障することだけでは、格差は固定化される。それは、いまある格差や貧困を容認する姿勢にほかならず、平等を追求する姿勢とはほど遠い。

　そうではなく「卓越した個人の創出やよき人生の獲得という『自己実現の保障』のための飛躍台として機能する本来的な性格」が教育にはそなわっており、すべての子どもに教育を通じた「自己実現の保障」という積極的な機能を政府政策を通じて実現することが、実質的平等の実現において重要であると考える立場に、私はいる（末冨　2010、p.203）。単に高校を出て就職すれば良いのではなく、どの子どもにも「自分を大切にし、自分らしい選択」を保障していける状況にあることが、ほんとうの教育の機会均等なのではないだろうか。

　大阪府箕面市における、一人ひとりの子どもの「社会的成功」をゴールとし、そのために「むしろ普通より高いレベル」での能力や自信を育てよ

うとする姿勢も（箕面市　2017、p.4）、選別主義に陥らず貧困の連鎖を断ち切り、実質的な平等を子どもたちに保障しようとする現実解のひとつとして評価できる。

　誤解のないように述べておくと、箕面市ではテストスコアの向上や進学・就職率の向上を声高にさけぶのではなく、「課題をかかえる子どもは低所得かどうかにかかわらず支援する」という基本姿勢のもとで、一人ひとりの子どもの成長の状態や課題を自治体や学校、学習支援団体がかかわって丁寧にサポートしようとしている。心身の健康状態や自己肯定感、家族や教職員、友人とのつながりなど、子どもの成長に重要な条件がトータルに重視されていることも箕面市の施策の特徴である。子ども一人ひとりのニーズを大切にする自治体であり、「社会的成功」も一元的ではない多様な意味合いで用いられていると理解すべきである。

　貧困世帯の子どもだから、最低限の学力を保障したあとは高卒で就職すれば良い、という発想ではなく、どの子どもも「自分を大切にし、自分らしい選択」を保障していく実質的な平等や、高学力や高学歴を単純なゴールとしない多様な自己実現や社会的成功を重視するスタンスが、箕面市の施策には見出せる。

　言い換えれば「普遍主義的で多元的な教育の機会均等」という基本発想が、子どもの貧困対策に真剣に取り組む自治体の中から芽生え、子どもたちに作用している、という状況の到来を意味しているのである。

1.3　「すべての子どもが必要に応じて支援を受けられる」 社会基盤の整備——「貧」だけでなく「困」も重視する

　なぜ子どもの貧困対策なのに、低所得世帯の子どもだけでなく、「すべての子ども」を対象とする議論をしているのだろうか。

　子どもの貧困対策に取り組むあすのばの政策提言の中で、貧困問題を「貧」（低所得）と「困」（困りごと）に分けて、家庭の「貧」（低所得、家庭のケアの不足等）を改善するだけでなく、子どもたちの「困」（困りごと）もまた支援の対象と考える発想が提示されている（公益財団法人あすのば　2016）。

　すべての子どもは、成長するうえで、家族のこと友人のこと、成績や進

路のこと、ときにはいじめや不登校など、困りごとに直面していく。一人
で、あるいは教員、家族や友達と乗り越えられる資質や環境をもった子ど
もだけではない。「すべての子ども」が「困」（困りごと）を抱えるという
前提に立って、学校や家庭以外の大人たちもサポートをしていける体制を
整えることが、より深刻な状況に陥りやすい「貧」（低所得、家庭のケア
の不足等）と「困」の両方の課題をかかえる子どもたちに充実した支援を
届けられる前提条件にもなるからである。

　「貧」だけでなく、子どもたちの「困」にアプローチする姿勢は、「京都
市貧困家庭の子ども・青少年対策に関する実施計画」においても確認でき
る。すべての子どもを対象とした「京都市未来こどもはぐくみプラン（平
成27年1月策定）」などを、「子ども等の貧困」の視点から補足し施策を
とりまとめた「実施計画」であるが、家庭の経済状況等に由来する「困り」
を解消していくという基本姿勢が示されている。

　低所得世帯だけでなく、すべての子どものための支援体制を充実させる
ことで、子どもたちの「困りごと」に早期に迅速にアプローチができる。
たとえば私の住む杉並区では教育SATという指導主事、元管理職、スク
ールソーシャルワーカーらで組織されるチームが区の教育センターに設置
されている。低所得世帯の子どもの課題に限らず、不登校児童生徒への支
援、発達課題を持ち学校生活に悩みを持つ子どもや保護者の相談や学校と
の調整、いじめの被害者だけでなく加害者やその保護者への支援など、多
様な支援を迅速に実施している。生徒指導担当の教職員や管理職研修を通
じて、学校現場も教育SATの役割や早期相談・早期対応の重要性を理解
しており、学校の校長も「杉並区では、いじめや不登校の隠ぺいは区教委
から絶対にしないように厳しく指導がある。学校としても、むしろ課題が
大きくなる前に、教育センターになるべく早く相談するほうが、子どもに
も学校にもメリットが大きい」と指摘する。

　このように、子どもの「困」にも対応できる支援の仕組みが、全国的に
整備されることの意義は大きい。どのような子どもも、困りごとや悩み事
とともに成長する。子どもたちの悩みに早く気づき、孤立させないよう、
「すべての子どもが必要に応じて支援を受けられる」社会基盤を整備する
ことが、子どもの貧困対策を「すべての子ども」にメリットをもたらす仕
組みとして活用するために必要となってくる。それは、いじめ対策や不登

校対策などにも、良い方向での変化をもたらす可能性が高い。

2.　子どもの貧困対策の条件整備——11の提言

　末冨（2017）では「すべての子どもを大切にする」子どもの貧困対策、というアイディアのための政策提言は11項目示している（下記参照）。

　コロナパンデミックの中では、（2）に関連して小学校35人学級が進展した。また（3）については、2019年子どもの貧困対策法・大綱改正で、生活保護世帯からの大学等進学率が法指標となり、衣食住やライフラインに事欠く子育て世帯の比率も指標化されている。しかしジェンダーギャップの位置づけは、教育政策にも子どもの貧困対策にも欠如したままである。

　またコロナパンデミックの中で、日本政府のデジタルトランスフォーメーションが進展していることは重要な変化である。（4）の政府調査について、学校・学級・児童生徒単位でのデータ収集と分析が可能になる。個人情報保護法制の改善もセットであるが、X線からCTへの医療測定技術の進化と同じような測定技術の進化が今後、教育政策においても起きる。

　進化から目を背け、人間の経験と勘にのみ頼る教育政策・教育実践を続けようとする教職員も多いのかもしれない。

　私自身は子どもの尊厳と権利の実現と改善を前提とし、学校現場の教職員の経験や勘を裏付けたり検証したりしながら教育ビッグデータの構築と活用を行い、より精度が高い実践や支援を可能にするための仕組みやネットワークづくりが必須だと考えている。

　進化を先取りしたアクションを起こすのか、進化から取り残され守旧の批判に甘んじるのか、選択は読者に委ねたい。

　なおこれ以外の課題は、パンデミックの中でも置き去りのままである。

　このような日本のありようを抜本的に変化させるためには、文部科学省も教職員組合も古い教育の政策共同体の中にとどまっていてよいのか。

　私はすでにその外を生き、行動している。

（1）子育て世帯および低所得世帯への再分配システムの改善
（2）子どもに対する資源配分のグランドデザイン設計と財源確保

（3）ライフステージ、ウェルビーイング、ジェンダーの視点からの指標拡充

（4）政府調査の改善とエビデンスの活用

（5）先進自治体の取り組みの普及・拡大と、基礎自治体の子どもの貧困対策の努力義務化

（6）子どもの貧困対策事業への複数年度委託スキームの導入

（7）子どもの貧困対策の責任体制の明確化とシステム化

（8）生活保護制度の改善と「自立」への移行制度の充実

（9）スクールソーシャルワーカー等の支援人材の正規雇用および人材の確保・養成

（10）支援の切れ目をなくすための市町村―都道府県連携体制の構築

（11）国公私立にかかわらない「子ども・若者支援チーム」による支援体制の整備

※本稿は末冨芳「『すべての子どもを大切にする』子どもの貧困対策」、末冨芳編著『子どもの貧困対策と教育支援――より良い政策・連携・協働のために』明石書店、2017、pp.352-378の抄録に加筆したものです。

〈参考文献〉
・阿部彩『子どもの貧困――日本の不公平を考える』岩波新書、2008
・岩永直子「『コロナで社会は大きくは変わらない』『100年に一度の危機』が度々訪れる時代にどう備えるべきか」『BuzzFeed Japan』、2020年7月5日
　https://www.buzzfeed.com/jp/naokoiwanaga/covid-19-niki-2
・公益財団法人あすのば「地域の子どもの貧困対策を進めるために～子どもの貧困対策『見える化』プロジェクトの調査・研究を通して～」、2016
　http://www.usnova.org/notice/190
・末冨芳『教育費の政治経済学』勁草書房、2010
・末冨芳「子どもの貧困対策のプラットフォームとしての学校の役割」『日本大学文理学部人文科学研究所紀要』第91号、2016、pp.25-44
・松下佳代「能力と幸福、そして幸福感」、子安増生編『心が活きる教育に向かって―幸福感を紡ぐ心理学・教育学』ナカニシヤ出版、2009、pp.37-60
・箕面市『子供の貧困対策支援システムの在り方と運用方法に関する実証研究報告書』、2017
　http://www.mext.go.jp/a_menu/ikusei/chousa/1384440.htm

第4章

子ども・若者のwell-beingに向けた「社会的に公正な教育（Socially Just Education）」の構想へ

──コンピテンシー・インクルージョン・デモクラシーを鍵概念として──

澤田　稔

はじめに

　今世紀もその5分の1にさしかかろうとしていた2020年、新型コロナウイルス感染症（COVID-19）の拡大という不測の事態から、世界が転覆するような状況が生じた。いや、過去形にするのは早過ぎよう。年度末が近づきつつある今もなお、その状況が収束する明確な見通しは持てないままである。

　不測の事態は、新型コロナウイルスの出現という自然事象が生み出すだけではない。産業や科学が発達した近代において、人間社会はつねにこうした自然現象に対して、人間社会として何らかの組織的な反応を示し、多くの場合、ある意図を持った措置を一定規模で講じようとする。人間社会は、自らがとるそうした対応が自らに跳ね返ってくるという「再帰性」を有している。しかも、どのように跳ね返ってくるのかを、予め見通すことも難しい。したがって、私たちが直面している状況、そこから生じている課題は、単に新型コロナウイルスの出現とこれによる感染拡大がもたらしただけではなく、この問題に対する人間社会による対応がもたらしている側面を見落とすわけにはいかない。

　そこで、第1節では、本章でWith & Post COVID-19の教育展望を描くために必要な限りで、公教育に携わる私たちが注目せざるを得なかった2020年度の出来事のごく一部を振り返っておくことにしたい。ここで取り上げるのは、1.1 全国一斉臨時休校、1.2 文科省「学びの保障」関連の通知、1.3 9月入学・始業問題の浮上・沈静化、1.4 小学校35人学級の実現に向けた閣議決定、1.5 教育界以外の諸問題から：（a）日本学術会議推薦会員の、首相による「任命拒否」、（b）トランプ米大統領支持者に

よる米国連邦議会議事堂への襲撃、(c) 東京オリンピック・パラリンピック組織委員長退任問題、の7項目である。1.5 の (b) は、国内問題ではないので奇異な印象を与えるかもしれないが、これをここに含めた意味はのちに触れることにしたい。

2020年度といえば、2016年度末に告示された学習指導要領が小学校で全面実施となったタイミングでもあった。2021年度は中学校学習指導要領が全面実施となり、2022年度からは高等学校学習指導要領が年次進行で実施が開始される。さらに、2021年1月26日、中央教育審議会は「『令和の日本型学校教育』の構築を目指して～全ての子供たちの可能性を引き出す，個別最適な学びと，協働的な学びの実現～（答申）」を公表、新たに近未来の日本における教育改革の方向性を取りまとめた。そこで、第2節では、新学習指導要領の意義と課題を再整理した上で、COVID-19問題を抱える中で再読を試みるとともに、これにくわえて、次期学習指導要領に向けて新たに視野に収められている改革事案の課題について概観することにしたい。

ところで、従来、日本における初等中等教育課程の国家基準としての学習指導要領は、ある程度文科省（または旧文部省）の、よって、中教審をはじめとする省内における審議会の相対的自律性が高い中で策定されてきた。しかし、近年、教育政策に政府与党の意向が、首相の私的諮問機関である教育再生実行会議を通じて反映されることが目立ってきている。私たちは、公教育に携わる者として、教育課程行政の仕組みがどのように変化し、その変化がどのような状況を生んでいるのかを改めて理解しておくべきだろう。そこでは、経産省ラインのEdTechを含む「未来の教室」をめぐる諸状況への目配りも必要になってくるだろう。第3節では、これらについて概観する。

これら現状把握に基づく課題認識を共有した上で、第4節では、まとめにかえて、「未来の公教育」のスケッチを試みる。ただ、それは文字通りの素描であり、ごく短い予備的問題提起にとどまることをお許しいただきたい。タイトルの末尾を「構想」で終わらせず、「構想へ」とした理由である。

1. 2020年（度）に直面した危機、及び危機対応と今後の課題

1.1　全国一斉臨時休校によってもたらされた事態

　新型コロナウイルスという言葉が、マスメディアを通じて私たちの目に触れ、耳に届いたのは、2020年の1月9日から10日にかけてのことだった。その時点では後の展開を予想できるほどの状況ではなかったが、翌週には国内初の感染者が出たことが報じられ、同月末には小売店でマスクの品薄状況が見られるようになる。さらに春節時の訪日が見込まれていた中国からの観光客の宿泊キャンセルが相次いでいることが、喧しく報道されることになった。そして、2月に入ると横浜に寄港した大型クルーズ船ダイヤモンド・プリンセス号における集団感染が発生し、各所で浮き足立った反応も散見されるようになり、首都圏を中心にいよいよそれまでにない緊張が走り始める。そして同月末になると、雪崩を打つように事態が急展開を遂げることとなった。当時の首相安倍晋三により、スポーツ・大規模イベントの自粛要請に続いて、2月27日（木）の対策本部会合で、全国すべての小中学校、高校、特別支援学校について、週明け早々の3月2日から春休みまで臨時休業を行うよう要請が出され、2月28日には各学校現場はもちろん、子どもを持つ家庭を含む社会全体を大混乱に陥れることになったのである。

　控えめに見積もっても、この全国臨時一斉休校という措置は愚策であったと言わざるを得ない。たしかに、首都圏の感染拡大は決して楽観できない状況に差し掛かりつつあったが、その状況は全国の各自治体によって大きな差があっただけでなく、子ども同士の感染状況や子どもの感染症状例に鑑みる限り、各自治体・教育行政区や学校ごとに柔軟な対応を取る余地を残すかたちでの要請を宣言することも考えられたはずである。万歩譲歩して全国一律の休校措置を視野に収めたとしても、現場を尊重するまともな意思があれば、休校に入る準備に休校開始前週の金曜日しか残されていないなどという暴挙には至らなかったであろう。この措置は、短期的にも中期的にも、子ども・若者を含む多くの関係者に、間違いなく小さくない傷を残すことになった。

　ここで私たちは、中央による統制と地方・地域の自律性・分権性のバラ

ンスという問題について改めて考えさせられることになった。特に義務教育やそれに準じる教育に関しては、地方・地域・学校間で望ましくない格差が生じないように、またあらゆる子ども・若者の学習権を含む人権が保障されるように政策を立案し実行することは国の責務であり、その意味での中央による統制は不可欠であると言ってよい。しかし、他方で、学校運営や教育課程の編成・実施に関する一律の統制は最小限（ミニマム・スタンダード）に抑え、子ども・若者や地域等の実態に合わせて行政区や各学校の判断を尊重する姿勢を、中央は軽んじるべきではない。それは、同時に、常に上の指示を仰ぐことを優先するというだけではない判断力を現場が持つように努力し、そうした現場の判断力を育成していくことが必要であることと表裏一体であろう。私たちがそうした社会を構築できていない時に、こうした愚策がまかり通ることになると言えるかもしれない。だからこそ、今回の愚策を愚策として明確に批判し、そこで傷ついた現場の記憶を残すことが（なんとか工夫して乗り越えられたと強がった総括をするだけでなく）重要な意味を持つのではないかと思われる。

　実際、もしもう2〜3日でも休校開始前に時間的猶予が与えられていれば、心ある管理職は教員陣と現場の実態に応じてその後のスケジュールを丁寧に整備できたはずであり、各担任教員はクラスの子どもたちと年度末までの学習や行事をどのように調整・再編すればいいか、しっかり話し合って一緒に考えることもできたはずである。こうしたことが現場の判断力や組織力、子どもたちの主体性や思考力が育まれる契機ともなり得ただろう。そのチャンスを理不尽に根こそぎ奪ったのが、今回の措置だったと言えるのではないか。もし本当に「主体的・対話的で深い学び」を実現しようとするのであれば、その学びを導く個々の教員の側が、また教員組織がそのような学びにふさわしい主体性と対話性を兼ね備える必要があることが自明であるとすれば、今回の一斉休校措置のやり方を素朴に受忍すべきではないだろう。

　このように学校の日常、従来の慣習や当たり前が掘り崩された一方で、それらを改めて見直さざるを得ない機会となったことも事実である。そのごく一部を取り上げるとすれば、たとえば、卒業式等の儀式的行事が考えられる。感染症対策を十分に意識して執り行わざるを得なかったために、たとえ簡略化されようと、卒業する子どもたちにとっても、またその保護

者にとっても、行えてよかったという式典にするためにはどうすればいいか徹底して再考を重ねた結果、贅肉がそぎ落とされ、過度な練習にも煩わされることなく、本当に意味のある内容に絞り込まれたことで、これまでになく実質的で価値のある卒業式を挙行することができたという声も多く聞かれた。

　くわえて、新年度になって一部自治体に緊急事態宣言が発令される事態になったことで容易に学校の通常再開に踏み切ることができず、部活動も制限・停止せざるを得なかったために、多くの教員は、それまで味わったことがほとんどない定時退勤、そして、実質的休日として過ごせる週末を経験した。すなわち、常態化していた残業から解放されたことが、むしろそれまでの当たり前が当たり前であるべきではなかったのだという実感をもって多忙化状況を体験的に逆照射することにつながったのである。

　こうして期せずして得られた貴重な学びは、たとえ、再び従来に近い日常を学校現場が取り戻すことができるようになったとしても忘却することなく、将来の教育実践や働き方に反映させ、生かしていくことが必要だろう。

1.2　文科省「学びの保障」関連の通知をめぐって

　2020年4月7日には、政府が特措法に基づき7都府県に対して緊急事態宣言を発出し、4月16日にはその対象が全国に拡大されたことを受けて、ほぼ全ての学校で全面的臨時休校措置が継続されることになった。これにより、この期間が就学時期に重なっていた子どもたちが喪失した学校での学びの機会は、2019年度末の全国一斉休校措置で喪失した学びの機会に累積されることになる。こうした事態への学校現場の対応を支援するべく、文科省は、2019年度末と同様に新年度4月にも、全国の学校の取組に関する調査結果や事例を紹介し、さらには詳細なQ&Aを公表・更新していた。そして、5月中旬に多くの地域で緊急事態宣言が解除され、いよいよ全国規模での学校再開が視界に入ってきたタイミングで、文科省は「学びの保障」をキーワードとする通知を、さらに同下旬に全都道府県で緊急事態宣言が解除されたことを受けて、6月初旬には、いわゆる「学びの保障」総合対策パッケージを公表したのである（図表1・2参照）。

　こうした状況や経緯は、各学校現場において、次のような諸要因から成

- 2019年12月12日-29日 中華人民共和国湖北省武漢市において、原因不明の肺炎患者が発生
- 2020年1月9日 WHOは上記肺炎患者から新種のコロナウイルス"a novel (or new) coronavirus"が検出されたと発表
- 2020年1月16日 武漢への渡航歴のある国内初の肺炎患者(神奈川県男性)発生
- 2020年1月30日 第1回新型コロナウイルス感染症対策本部会開催(本部長 内閣総理大臣)
- 2020年2月3日 横浜港にダイヤモンド・プリンセス号寄港(乗客約3,700人)→2月3日船上隔離開始→3月1日全員の下船が完了
- 2020年2月13日 国内初の死亡例(80代女性)
- **2020年2月27日 首相が全国の学校に一斉臨時休校(3月2日以降一春休みまで)を要請**
- 2020年4月7日 東京,埼玉,神奈川,千葉,大阪,兵庫,福岡において緊急事態宣言発令(特措法32条)(2020年4月7日)→4月16日 範囲を全国に拡大→5月14日 39県で解除→5月21日 関西解除→5月25日首都圏含む全国で解除
- **2020年5月15日 新型コロナウイルス感染症の影響を踏まえた学校教育活動等の実施における「学びの保障」の方向性等について(通知)**
- **2020年6月 全国のほぼ全ての地域で学校再開(一部地域では5月中にすでに再開)**
- **2020年6月5日 新型コロナウイルス感染症対策に伴う児童生徒の「学びの保障」総合対策パッケージ**
- **2020年7月-8月 全国各地で夏休み短縮措置**

(筆者作成)

図表1 COVID-19拡大状況と学校教育

る事態に帰結することになった。まず、新学期・新学年における一斉登校・対面授業の開始が多くの地域で大幅に遅れたこと、ただし、地域により感染状況に差があったことから、学校再開状況にも小さからぬ差があったこと、そして、全国一斉臨時休校と新学期開始延期により生じた学びの遅れを回復する必要に迫られたこと、さらに、感染対策、およびそれに配慮した活動方法に腐心することを迫られることになったこと、これらである。

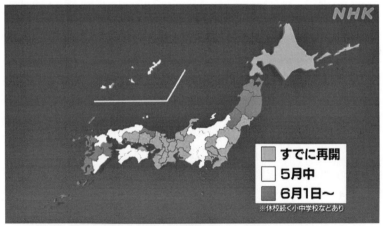

出典：NHK「特設サイト新型コロナウイルス 学校再開はどうなる？ 都道府県別の状況まとめ（5/18）」
https://www3.nhk.or.jp/news/special/coronavirus/school-guideline/#mokuji1 （2020年2月2日閲覧）

図表2 都道府県別公立学校再開状況（2020年5月18日時点）

　このような事態において、私たちは様々な問題点に直面することになった。それは言い換えれば、改めて、自らが関わる公教育、あるいは学校という存在の意義や、それが抱える課題を考え直さざるを得ない局面を迎えたことを意味していた。その主要なポイントとして、以下に4点だけ掲げておこう。

　第1に、学校が社会的に果たしている機能は単に学習指導だけではないということを、ことによるとそれが最も重要であるかどうかさえ確実ではないかもしれないということを、あるいは、学習指導を首尾よく進めるにも、その前提ないしは基盤となる別の要素が必要であるということを受け止めざるを得なかったということである。

　学校は、子どもたちにとって、家庭とは異なるもう1つの重要な生活空間でもある。実際、様々な事情で家庭に居場所が見出しにくい、あるいは、家庭が必ずしも最も安全・安心な場所とは言えない子どもにとって、登校できないことは重要な生活の場を部分的に剥奪されることにもなる。給食の支給を受けられないことが、食生活の危機に直結するという子どももいた。

　そして、学校は、子どもたちが別の子どもたちと場や空気を共有する場でもある。一緒にいて、何気ない会話をかわしたり、お互いの様子や集団の雰囲気をうかがったりすることを通して、子ども同士がつながっていく。むろん、そこには学級担任をはじめとする様々な教員によるやりくりが介在しており、しかも、それによって、一部の、あるいは場合によっては少なくない子どもにとって居心地のよくない空間になるということもあり得るわけだが、多くの場合、各学級は様々な葛藤や軋轢を経ながらも、一定のまとまりや秩序が形成され、互いのつながりの中で、多くの子どもがそこに居場所を見つけていくような場となる。それが各教科等の学習活動を支える礎になっていると言えるだろう。

　ところが、新学期開始の延期により、子どもたちは新たな集団で互いにつながっていくための機会を得ることが大幅に遅れた上に、学校再開後は行事的活動（こうした活動では、互いのつながりを形成するためのきっかけが豊富に含まれている）を縮減して、知識教科に相対的に多くの時数を割り当てることが多かった学校では、集団としてのぎこちなさがなかなか解消できないという事態に直面したのである。特に各教育段階の新入生（1年生）は、卒園・卒業直前に共有できたはずの貴重な時間を奪われただけ

でなく、入学直後にも友人をつくる機会を見つけることが非常に難しい時期がしばらく続くことになった地域や学校も少なくなかったようである。このような意味で、2020年度は、子どもたちにとって、学校というもう1つの生活の場で新たな集団として過ごしていく際に重要な意味を持つ、他の子どもたちとの関係性・宥和性（つながりや馴れ親しみ）を確保することに、相対的な困難が生じたのである。

　第2に、リアル対面式の授業に代わるオンライン授業が、これまでになく広く導入・推進が図られたことである。文科省はパンデミック状況前の2019年12月に、児童生徒1人1台端末と高速大容量の通信ネットワークの一体的整備を謳うGIGAスクール構想を発表していたが、感染拡大状況に伴う緊急事態宣言を受け、萩生田文部科学大臣は2020年4月7日、GIGAスクール構想の早期実現に向けた支援を積極的に推進することを表明した。2021年に入ってICTの環境整備は加速しており、今後、この点に関しては新たなフェーズに突入することになろう。が、ここでは、一斉休校とその直後に見られた具体的な取組に関して注目すべき点を整理しておきたい。

　まず、オンライン授業の導入にあたっては、形式的な平等主義にとらわれず、可能な範囲で可能なところから開始し、そこから漏れ落ちる部分に相応の手当てをすることで一定の平等性を確保するという方針が有効であるように思われるという点である。たしかに、熊本県のように、思い切った投資を図って多額の予算を充当し、機器選定や教員サポート体制に関する独自の工夫によって一気に条件整備を進め、ICT後進自治体から先進自治体へ駆け上がった稀有な事例も存在するし、こうした事例から学ぶべき点も少なくない[註1]。しかし、大半の自治体がそのような条件が整わない中で、もし1人でもデバイスを所有していなかったり、ネット接続環境に問題があったりすれば不平等になるという理由で、オンライン化に取り組まないとすれば、多くの可能性を喪失することになるのではないか[註2]。むろん、これも程度問題ではあるとはいえ、大半の家庭で使用可能なデバイスと接続環境、そしてクラウド利用アカウントが確保できるのであれば、それができない子どもには、郵送と電話による対応等の代替手段を講じて、目立った不利益が生じないように補完するという方針も考えられるだろう。たとえば、広島県の事例からは、オンライン授業の環境が整わない子ども

に郵送と電話等による対応という代替手段を講じた取組がうかがい知れる註3。

　ただし、物理的条件を一定程度クリアする可能性が十分にあるとしても、教員陣の中にも、こうした機器やアプリ、クラウドの扱いに不慣れな人たちも必ず存在する。こうした側面では、むしろ若い教員の方が苦にしない人が多いかもしれない。たとえば、その際に提示教材の作り方には経験豊かな教員からのサポートを、オンライン授業のテクニカルな側面に関しては、これを比較的苦にしないで済む教員がそうでない教員をサポートするというような補完的・協力的研修体制が必要不可欠だろう。こうした横のつながりは、教員組織と各教員個人の教育力を向上させることが期待できよう。

　こうした人間同士の「つながり」感の重要性は、別の意味で子ども同士にも当てはまることが、そこかしこのオンライン授業の実践事例で報告されていたように思われる。つまり、オンライン授業というヴァーチャルな空間でも、それが学校である以上、単に学習活動の場だけではないということである。たとえば、朝の会などをオンライン同時双方向で実施し、お互いの様子を確認しあったり、何気ない会話を交わしたり、時には工夫を施した企画に基づくレクリエーションの機会を設けたりすることで、生活のリズムを整えることに寄与したり、コミュニティ感覚とともに精神的な安定性や学習への動機付けを子どもたちに与えたりすることを期待できる。このことは、ある種の強制としての学習時間だけでなく、遊び、ゆとり、すき間の要素を含む時間の重要性を指し示していよう。

　オンライン授業の導入・推進の各事例や自らの経験から得られたこのような学びや課題意識は、今後の展開を考える上できわめて有意義な基盤となるだろう。私たちが自らの実践を組み替える際には、様々な理念や方法論を特定の文脈に落とし込んだ具体的事例の詳細な報告がヒントになることの方が多い。そうした実践事例に関する研究会・交流会が企画されたり、オンライン・アーカイブが構築されたりすることが望まれる。

　第3に、臨時休校措置の長期化、あるいは、この事態への対応としてのオンライン授業の導入という状況を契機として、学校教育をめぐる格差・不平等問題に世の中の注目が集まったことである。要するに、家庭環境の差によって、休校中の家庭での学習時間や学習の質に看過できない格差が

生じ、かつ、オンラインにおける学習資源へのアクセス、その有効利用という点でも見過ごせない格差が生じたのである。

ある民間シンクタンクの調査結果によると、もともとの学校の成績にかかわらず、臨時休校後は勉強時間がどの層でも減少しているが、その減少幅はもともと学力の低い子どもほど大きく、学力の高い子どもの勉強時間の減少は限定的であるという[註4]。当然ながら、高所得世帯では、塾その他の外部資源も利用して学習を進めている割合も高く、ひとり親家庭とふたり親家庭でも学習への取組の程度に差が出ているという。さらにこうした差は、オンライン教育の機会に関して、世帯収入による差だけではなく、居住地が東京や愛知、大阪の三大都市圏かどうかや、親の学歴の違いでも浮かび上がったという[註5]。

このような教育をめぐる格差の存在は、COVID-19拡大状況以降注目される度合いが高まったところもあるのかもしれないが、専門家によるとそれ以前から厳然と存在する事実で、そうした不平等・格差は近代黎明期以来あまり変化がなく、日本社会は一貫してむしろ「緩やかな身分社会」であり続けてきたという。その意味で、諸外国と比較しても「凡庸な格差社会」であったと認めざるを得ないのが実態なのである[註6]。とすれば、「生まれ」によって深刻な格差が生じないような手当てを、様々な水準で進めていかなければならないということになろう。

第4として、そもそも「学びの保障」とは何を意味し、この局面でどう取り組むことを意味するのかという問いに向き合わざるを得なくなったという点である。上に見たような格差問題を念頭に置く時に、全員に同じだけの授業時間を提供すればそれでよいと果たして言えるのだろうか。そもそも教科書の内容を先に進めていくということ自体が、子どもの学びを保障することになるとどこまで言えるか。受験科目になることが多い知識系教科の内容をカバーすることこそが、学びの保障とみなされてよいのだろうか。これらは、子どもたちにとって必要な「学び」とは何なのか、それを「保障」するとは、どうすることなのか、というきわめて基本的な問いに帰着する。

ここで注意を喚起しておきたいのは、「学びの保障」を図る際の教育目標（育もうとする子ども像・若者像）の意義である。私たちが生きているこの社会において、私たちはどんな子ども・若者に育ってほしいと願うべ

きなのだろうか。進学や資格取得、あるいは就職等を考えると、たしかに、教科学習における一定の知識・技能を習得することの重要性は軽視できない。しかし同時に、こうした流動性が高く複雑化した社会では、解けるかどうか解らない、あるいは簡単な正解がない問題に取り組んだり、この社会に自分なりに参加したりできるようになるという目標が必要になるように思われる。とすれば、特別活動や総合的な学習の時間をないがしろにするわけにはいかないということになろう。学校再開後、授業時数の確保が課題になるなかで、数学・理科をはじめとする系統性の高いとみなされる分野を中心に教科学習を優先する傾向が目立ったが、子どもたちが望ましい集団生活の中で学校生活を楽しく送ることができることは学習に不可欠の基盤であり、また、自らの興味・関心に基づく課題設定から始める探究的学習は、21世紀型と呼ばれる学力の形成に不可欠とされ、教科・領域横断的に学習意欲を高める可能性をも秘めていることを踏まえれば、安易に教科学習の犠牲にすべきではないだろう。

　くわえて、上述したような格差問題を考えると、学びに関するニーズにも児童・生徒間で大きな差が存在する。その際、最も不利な条件を抱える子ども・若者たちへの指導・支援・ケアに特に重点を置く必要も出てくるだろう。他方で、学校内の人的・物的リソースには限界がある。その限界内で、あるいは外部との連携・協力を含めて、そのように個人差がある学びのニーズにどこまで、どのように対応できるのか、すべきなのかという点に関する検討と工夫も「学びの保障」には欠かせない要件に含まれるだろう。

　これらの諸点について、今年度全体を教員チームで改めて振り返って、感想を交換し課題意識を共有することが、今後の「学びの保障」をより望ましいかたちで実現するために有効に働くのではないだろうか。それは、必ずしも改まった会議の場でなくても、日常的な会話、雑談という場でも有意義な機会になるように思われる。

1.3　9月入学・始業問題の浮上・沈静化

　入学・始業時期を9月に移行しようとする改革案をめぐる報道が加熱したのは、4月29日にオンライン開催された全国知事会でこの問題が俎上に

載り、実際には反対派・慎重派（これらの発言は概して大手新聞地方版でのみ掲載）が少なくなかったにもかかわらず、東京都小池知事と大阪府吉村知事による積極的発言が全国紙に目立って紹介されてからだったように思われる。くわえて、この後、萩生田文科相や安倍総理による検討の可能性を示唆する発言、国民民主党ワーキングチームなどの積極的な提言等が続き、国民的注目を浴びることになった。

　しかし、これら積極派に対抗する慎重派の議論も目立つようになり、特に日本最大の教育系学術団体である日本教育学会も5月11日には「『9月入学・始業』の拙速な決定を避け、慎重な社会的論議を求める——拙速な導入はかえって問題を深刻化する——」と題する声明を発表したことや、小学校長会が意見書を文科省に提出したことも注目を集めた。結局、5月27日には、自民党の秋季入学制度検討ワーキングチーム（座長・柴山昌彦元文部科学相）が、9月入学への移行は一定の準備期間や国民的な合意が欠かせず時期尚早だとする提言骨子案を党幹部に提示し、この問題は、意外に早く収束、沈静化した。

　積極派がこの改革案を推した主な理由として、少なくとも次の2点が掲げられる。1つは、入学・始業時期を9月にすることで、学力格差を是正できるだろうという理由があった。しかし、日本教育学会上記声明だけではなく、他の専門家もそうした見通しを言下に否定した[7]。もう1つ、従来から「9月入学」への移行を唱えてきた多くの人々がその理由としてきたのは、むしろ「グローバル標準」への対応という点であった。しかし、9月入学が「グローバル標準」というのは端的に虚偽と言わざるを得ない。欧米諸国だけがグローバルではないわけで、入学・始業時期が国によって多様であることは外務省のウェブサイト（諸外国、地域の学校情報）を見ればすぐにわかることである。しかも、上掲日本教育学会提言書は、9月入学以降に伴う財政負担（国・自治体の支出や家計負担の増分）は総額で約6.5兆円から7兆円に上ると試算結果を示し、こうした莫大な費用を要する改革よりも、学びとケアの保障にこそ重点を置くべきであることを強調したのである。

　この問題から、私たちが改めて声を大にして訴えなければならないのは、中央の政策・行政サイドが、学校現場の声にもっと丁寧に耳を傾け、子ども・若者に寄り添うことを優先すべきだという点である。特に、予算をど

こに充当するかという問題の大きさは計り知れない。仮に9月入学の導入が実現に向けて動き出していたとすれば、のちに簡略に触れる教職員定数改善案は検討すらされなかった可能性が高い。ICT化に向けても、物理的条件整備だけでなく、有効活用に向けた教職員サポートも不十分なままで、地域によっては感染症対策の消毒作業にすら予算が付けられず、教職員が放課後の時間を奪われているところもある。子ども・若者の実態に合わせた丁寧な指導や評価にもコストがかかる。こうした現場の実態を等閑視した政策提言が幅を利かさないような運動の展開を発展的に継続する必要がある所以である。この点は、民主主義において人民・国民が何をどのようにチェックあるいはコントロールできるようにすべきか（執行権の民主的統制[註8]）という問題と関連しているかもしれない。

1.4　小学校35人学級の実現が意味すること

　少人数学級の導入・推進は、いわば文科省の悲願であり続けてきたと言ってよい。これは、OECD平均など先進主要各国動向を参照した国際比較（図表3・4参照）によって、また国内学校現場の実情に配慮する形で、同省が実現を図ろうとしてきた施策である。しかしながら、その効果を疑問視する財務省が大きな壁として立ちふさがってきた。ところが、長期休校が明けて学校が再開され、一斉登校へという段になると、COVID-19拡大状況の先行きがいまだ不透明であるだけに、教室でのいわゆる「3密」回避の必要性に対する意識が国民的に高まっていく中で、少人数学級への注目が広く集まることになった。こうした状況をテコに、多くの教育学者らが少人数学級実現に向けた署名運動を展開したことも話題になった。これらの状況を追い風に、最終的に2020年12月17日の大臣折衝を経て財務省と文科省との間に妥協的合意が成立し、年を越した2021年2月2日、小学校の学級編制標準を現行の40人（1年生は35人）から35人へ引き下げる措置を盛り込んだ、義務標準法の改正案が閣議決定されたのである。

　この改正によって、小学校の学級編制標準が40年ぶりに変更されたことは、まさに画期的と言える。1学級あたりの上限数引き下げは、義務標準法における教職員の「基礎定数」増加に直結するからである。それは、「加配定数」が毎年の予算折衝を通じて決定されてはじめて教職員定数に

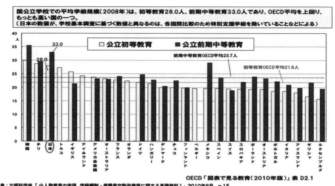

図表3　1学級あたり児童生徒数[国際比較]

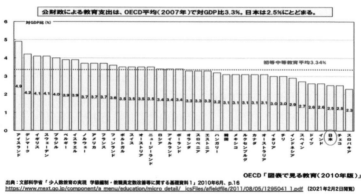

図表4　教員1人あたり児童生徒数[国際比較]

含まれることになるため、不安定要因を有するのとは異なり、安定的に確
保可能な定数であるため、各自治体にとって中長期的雇用の見通しを立て
やすく、教員の正規雇用増加に帰結する可能性が十分に考えられる。

　しかしながら、36人以上の学級が多いのは首都圏の一部自治体に限ら
れており、日本全体ではすぐにその恩恵にあずかれる地域はごく限定的で
あるという以外にも残る課題はある。ここでは、主要な問題を2点確認し
ておきたい。1つには、加配定数からの振り替え等により、財政支出はほ
ぼ増えない見通しであるということである。ということは、どの程度実質
的な教員数増に至るかは未だ不透明であるということになる。

　もう1つは、報道でも触れられていたが、今回の措置が実質的な教員増

を可能にする法案に結実するとしても、同時に教員の質の高さをどう担保するかという問題は軽視できないという点である。教育現場の諸状況を見ても、新学習指導要領の内容からしても、教員に求められる仕事は高度化・複雑化していると言わざるを得ない。他方で、多忙化問題が人口に膾炙し、また、一部であれ現場のハラスメント体質も影響して、教員を志望していた学生でさえ最終的にその道を敬遠するという例は、大学の教職課程担当教員にはおなじみである。また、簡単に正規教員増が見込めない場合には、応急処置的な非正規雇用も必要になるだろうが、質の確保のため退職教員の再任用や免許所有者の任用を図ろうとするときに、大きな足かせになっているのが、教員免許更新制度である。

　このように基礎定数増それ自体は歓迎すべき方向性だが、それを実質的な教員増、特に正規教員増につなげ、教員増とその質の担保を両立させるためには、今後策定される法案の詳細を見逃せないのと同時に、基礎定数増がさらに促進されること、他の学校段階にも定数増が拡充されること、くわえて、その質の確保が実現されるために、教育現場の労働条件、教員免許更新制度など義務標準法を取り巻く諸条件・諸制度の改革をも視野に収めた総合的なヴィジョンの検討が不可欠になるように思われる。

1.5　教育界以外の諸問題から

（a）日本学術会議推薦会員の、首相による「任命拒否」

　日本学術会議が第25・26期会員候補として推薦した105名のうち6名を、内閣総理大臣が任命しなかったことが2020年10月1日の報道によって明らかになった。この任命拒否という決定は、現段階でも撤回されるどころか、全く不明瞭と言わざるを得ない理由を付して維持されているという状態にある。

　そもそもこの決定は、違法の疑いが消えない事案である。日本学術会議は、日本学術会議法1条2項によると、たしかに内閣総理大臣の所管に属する政府機関だが、同7条2項、及び17条により、内閣総理大臣は会議の推薦がなければ会員の任命もできず、同26条から、不祥事がある場合に退職をさせることができるのみで、また、内閣総理大臣に指揮監督権があるという条文がないことから、指揮監督権は内閣総理大臣にないことになる。同3

条、8条2項3項、12条2項、13条3項、14条2項によると、会議の職務や組織には独立性が確保されており、同5条によると、学術会議は政府に対して勧告する権限を有し、同6条により、政府は会議の要求があった場合にのみ、意見を述べることができるにすぎないと言える。これらに鑑みると、日本学術会議はその構成にも業務遂行にも独立性が保証され、内閣総理大臣はその監督権すら持たず、不祥事があった場合に退任させることができるにとどまると判断すべきであるという意味では、今回の決定は違法である可能性を否定できないのである。にもかかわらず、総理大臣からは、説明責任を果たしているとは全く言えない答弁しか返ってきていない。

　行政には常に一定の裁量の余地が認められるとしても、それは無限に認められるわけではなく、もしそれが認められてしまえば、権力の恣意的発動ということになる[註9]。要するに、権力にとって不都合な言動を、権力の都合、胸三寸で抑圧・排除できることになってしまうということである。仮に同様のことが学校や教室で起きれば大問題になろう。教員の側に学校・学級運営において一定の裁量権が認められるとしても、その教員の都合によって、度を超えて児童・生徒を抑圧・排除することは許されない。特に、学問・科学は、時の権力にとって不都合なことでも、学問的・科学的真理としてその世界で認知される限りで徹底して探求しようとする営みであり、これが捻じ曲げられるとすれば、学問的・科学的権威に頼ることもできない弱い立場にある者の言動は、さらに簡単に抑圧されてしまうことになりかねない。

　すでに、社会科の学習指導要領における領土問題（竹島問題）の記述に見られるように、時の政府の意向が、公教育の場に浸潤してきている事態も生じている。こうした時の政治権力の恣意性が教育内容にあからさまに影響することになれば、戦前を反復することになりかねない。そして、現代では、学問の自由・独立性を守り、それに対する恣意的な政治的介入を批判するのとは反対の立場を声高に唱えようとする人々も少なからず存在し、そうした人々による学問・科学の否定は、教科書記述の否定（教科書に書いていない真実！という言説）にも繋がっていて、これが陰謀論と一体化し、歴史修正主義を助長しているという問題が現に存在していることも、教育に携わる者は無視できないだろう。

(b) 米国連邦議会議事堂への襲撃

　2021年1月6日、アメリカ合衆国で、ジョー・バイデンの大統領選出に反対するドナルド・トランプ大統領（当時）の支持者が連邦議会議事堂に侵入して暴徒化したという、負の意味でまさに歴史的な事件は、世界中に衝撃を与えた。私たちは期せずして、まぎれもなく民主主義の危機を象徴する出来事を目撃することになったのである。

　戦後の日本では、勝田守一や重松鷹泰らの尽力により、戦前の全体主義的な教育勅語体制を支えた教科「修身」を中心とする道徳教育にかわって、主にヴァージニア州のカリキュラムを手本としながら、「民主主義の道徳」に向けた教育をめざして、つまり、民主主義社会にふさわしい市民性の涵養を期して新設されたのが「社会科」という教科領域だったという事実を思い起こせば、日本の学校教育は、この民主主義という理念によって、アメリカ合衆国の学校教育と直接的に地続きであると言うこともできる。とすれば、私たちも、その危機が集約的に現れたこの事態をたんに傍観しているわけにはいかないのではないだろうか。

　ちなみに、トランプに象徴される民主主義の危機という問題は、上に触れた陰謀論者の存在と無関係ではない。トランプの大統領選挙での逆転を最後まで信じ、議会襲撃で逮捕者まで出した一部極右集団が「Qアノン」と呼ばれる陰謀論（アノンはアノニマスという匿名を意味する単語の略語で、Qと名乗る人物の匿名ネット投稿で拡散されたため、こう呼ばれることになった）を信奉していたことが日本でも有名になった。そもそもトランプ自身が、SNSを通じて根拠の希薄なデタラメな言動を繰り返したことも大いに問題視されていた。

　私たちは、このような民主主義の危機という現代的課題とどう向き合い、子ども・若者たちとこの問題をどのように共有し、ともに考えていけばいいのだろうか。このアメリカの事件からは、まさにこうした問いを突きつけられているように思われる。むろん、このような問いに簡単な正解はない。しかし、私たちは、子ども・若者たちに主体的に考えられるようになろうと言うのであれば、その前に、まず私たち自身が、このような問題に主体的に取り組むことが求められるとは言えるだろう。たとえば、この問題に関して、日本学術会議により新会員として推薦されながら、総理大臣にその任命を拒否された候補者の1人であった政治学者の宇野重規は、い

ま顕現している民主主義の危機の背景要因として、ポピュリズムの台頭、独裁的指導者の増加、第4次産業革命とも呼ばれる技術革新、そして、COVID-19の拡大という、現代社会が直面している4つの問題があると指摘した上で、民主主義はこの危機を乗り越えられるのかという問いを立て、この問いに関する一般向け解説をものして公刊している[註10]。こうした入門書から、私たちの学びを進めることが考えられてよいかもしれない。

(c) 東京オリンピック・パラリンピック競技大会組織委員会会長退任問題

　東京オリンピック・パラリンピック開催の1年延期は、2020年3月24日に決定していた。その組織委員会の森喜朗会長が、2021年2月3日、東京都内で開かれた日本オリンピック委員会（JOC）の評議員会で放った女性蔑視発言とその後の対応が原因で、同12日に辞任した。

　この問題も教育問題と直接的に関係するわけではないが、間接的には無視できない重要な課題を私たちに投げかけていると言わざるを得ない。それは、この問題も、端的に民主主義の危機を示す出来事の1つであるという点からであり、くわえて、スポーツもこの世界的なスポーツの祭典も、学校教育の中に相応の大きな位置を占めているという文脈があるからである。

　森元会長の2月3日のJOC評議員会での発言全体・詳細を確認すると、そこでは、公的な集団的意思決定の場における女性進出に明らかに否定的に言及していたと判断せざるを得ない[註11]。他方、民主主義とは、公的な集団的意思決定に、限られた少数の人々のみではなく「みんな」が参加できることを前提とする制度であると言ってよい。近代において民主主義の辿ってきた道とは、この「みんな」に誰が含まれるのかということに焦点を合わせた闘争史であったわけだが、その中で、抑圧されてきた様々な属性・立場の人々の包摂・参加が民主主義にとって非常に重要な意味を持つことを私たちは学んできたはずである、その点で、森元会長の当該発言は、民主主義を毀損したものであると結論づけざるを得ないのである。これは森元会長個人の責任が問われるべき問題であると同時に、それだけで済む問題ではない。大人の集団的意思決定の場面で、あるいは、公的な議論の場で男性が支配的になる場合はまだまだ少なくなく、公的機関のリーダー・管理職の女性の割合は、特に日本ではまだまだ極端に少ない現状にあ

ることを、より広く社会的に問題視すべきであろう[註12]。

　学校において子ども・若者がオリンピックに通じるような「競技スポーツ」に最も深く関わる領域は、おそらく部活動であろう（もちろん、スポーツには、競技スポーツ以外に「娯楽スポーツ」という重要なカテゴリーが存在し、またこの両者は単なる二項対立関係にあるのではなく、その間に様々なグラデーションが存在するとみなすべきであるが）。このアマチュア競技スポーツの頂点に位置するオリンピックでさえ、それは単に競技能力の高低に特化されるだけではないことに、私たちは十分注意すべきだろう。上記の森発言が問題視されたことも、この点に深く関係している。オリンピック憲章を参照すれば、すぐに次の文言が目に飛び込んでくる。すなわち、「オリンピズムの目的は、人間の尊厳の保持に重きを置く平和な社会の推進を目指すために、人類の調和のとれた発展にスポーツを役立てることである」と。あるいは「すべての個人はいかなる種類の差別も受けることなく、オリンピック精神に基づき、スポーツをする機会を与えられなければならない。オリンピック精神においては友情、連帯、フェアプレーの精神とともに相互理解が求められる」という文言の意味を噛み締めるならば、森発言を許容することはできないだろう。果たして、東京オリンピックの開催に向けて子ども・若者たちを巻き込み様々な企画・学習活動を展開してきた多くの学校現場で、森発言を批判するような子ども・若者は育ってきたのだろうか。そもそも、それを主導した大人たちは、オリンピック憲章の文言を読み込み、その意味を理解しようと努力したのだろうか。改めて、子ども・若者を指導する前に、私たち自身が問われていることが痛感される。

2.　新学習指導要領、および
「令和の日本型学校教育」像に見られる諸課題

　小学校で新学習指導要領の実施が開始された2020年度終盤、直近の教育改革、さらには次期学習指導要領改訂に向けて見過ごすことができない中教審答申が公表された。それが冒頭に触れた「『令和の日本型学校教育』の構築を目指して〜全ての子供たちの可能性を引き出す，個別最適な学び

と，協働的な学びの実現〜（答申）」（2021年1月26日）である。この答申は、COVID-19拡大状況、およびこれを背景に加速されることになったGIGAスクール構想を明示的に踏まえた内容構成になっている。とすれば、この国で近未来の公教育を構想する際には、新学習指導要領を、この答申に接続して再読する必要があるだろう。本節ではそれぞれの大枠となる主要論点に着目することによって、ポストCOVID-19の公教育を構想するための課題の明確化に努めたい。

　最初に、新学習指導要領の骨格を確認しよう。もちろん、その整理の仕方は他にも考えられるが、新学習指導要領の主要改訂指針は、①「社会に開かれた教育課程」、②資質・能力を中心とする教育課程への転換、③主体的・対話的で深い学びの実現、④カリキュラム・マネジメントの確立、という4本柱で構成されていると捉えることができ、また、これらは相互に密接に結びついているものとみなすべきだろう。

　すなわち、「よりよい学校教育を通じてよりよい社会を創る」という理念を中核とする「社会に開かれた教育課程」を実現するという目標を学校と社会が共有するとすれば、社会をよりよくしようと主体的に社会や世界に関わり向かい合い、様々な問題を協同的に解決していけるような子どもが、すなわち、そのような（汎用性の高い）資質・能力が育まれる必要があるだろう。とすれば、教育課程も、個別的な知識の網羅的な習得に照準するのではなく、そうした資質・能力の育成に適合したものに転換する必要が出てくるということになる。そこで重視される資質・能力が、いま触れたような現実の社会をよりよいものにするための主体的・協同的な問題解決能力と呼びうるものだとすれば、教育の方法論的側面に関しても、子どもを知識・意味の再認・再生を主とする受動的な役割から、それらを活用・生産する積極的な活動主体（アクティブ・ラーナー）へと転換させる必要性が生じてくるということになる。さらに、子どもの実態に即しながら、そうした資質・能力の育成を教育目標として設定し、その実現を図るためには、それにふさわしいカリキュラムを編成・実施し、子どもが実際に経験したカリキュラムを把握し、その結果を振り返って改善していくという、各学校における主体的なカリキュラムづくりと評価の営みが様々な水準で展開される必要があるという理路が開かれることになる。上記4本柱は、概ねこのような関係にあると解釈できるだろう。

　ここで注目しておきたいのは、「社会に開かれた教育課程」というスローガンが含んでいる「社会改良主義」的な視点である。もちろん、学習指導要領には、変化の激しい時代に取り残されないようにするために必要な能力を子ども・若者たちが獲得できるようにするという「社会適応主義」的な視点も含まれていると言ってよい[註13]。しかし、同時に「複雑で予測困難な時代の中でも」、児童・生徒「一人一人が，社会の変化に受け身で対応するのではなく，主体的に向き合って関わり合い，自らの可能性を発揮し多様な他者と協働しながら，よりよい社会と幸福な人生を切り拓き，未来の創り手となることができるよう，教育を通してそのために必要な力を育んでいくことを重視している」（学習指導要領解説総則編）というフレーズに見られるような未来志向的・変革志向的な視点が明確に表現されている。

　これは、学校教育の「そもそも論」と言えるかもしれない。学校教育は、そもそもなんのためにあるのか、私たちはそもそも何のために子ども・若者たちを教え（ようとし）ているのか、という問いに対して、文科省は、「よりよい学校教育を通じてよりよい社会を創る」という理念をその答えとして提示しているのだと言える。このような視点は、目の前で起きている直近の課題へのその都度の対処に追われているとつい見失いがちになるだけに、有意義な理念が掲げられることになったと一定の肯定的評価を与えることができる。

　しかし、こうした理念を手放しで歓迎できるわけではない。「よりよい学校教育を通じてよりよい社会を創る」という表現は、一見、誰にも反対しようがない美しい理念に見えるが、その点にこそ危険が潜んでいる。よりよい社会と言えば聞こえはいいが、よりよい社会とはどんな社会のことか、という問いを改めて投げかけた途端に、これに対する意見が簡単に一致しないことは明らかである。したがって、よりよい社会を創る、という言葉の中身は「空洞」なのである。この「空洞」を埋めるためには、ボトムアップの議論が必要になる。私たち一人ひとりが、何をもって、よりよい社会、よりよい学校教育とするのかという問いに対する一定の暫定解をその都度明確化し、修正・更新していく努力が必要になるのである。本章もそうした試みの一例であると言えるだろう。

　この点が重要になるのは、この「よりよい社会」像や「よりよい学校教

育」像が育てようとする資質・能力像と、つまり、育成をめざす子ども・若者像と直結するからであり、この資質・能力像は、そのまま教育目標の中核を形成することになるからである。「主体的・対話的で深い学び」の推進も、たんに変化の激しい予測困難な社会に適応する上で重要度が増している汎用的スキル（generic skills）としての「コンピテンシー」の育成に力点を置く必要があるからのみならず、よりよい社会をめざして社会に関与・参加できるようになるために有効な経験になると考えられるからである。また、カリキュラム・マネジメントは、これ自体が目的ではなく、あくまで教育目標を実現するための手段に過ぎないからである。

　さて、いささかナショナリスティックな響きが気になるタイトルを冠した直近の中教審答申『「令和の日本型学校教育」の構築を目指して』を参照すると、当然のことながら「社会に開かれた教育課程」で示された社会認識とその理念は堅持されている。そこでは、「社会の変化が加速度を増し、複雑で予測困難となってきている」という状況は、「新型コロナウイルス感染症の世界的な拡大により、その指摘が現実のものとなっている」という理解を示した上で、「一人一人の児童生徒が，自分のよさや可能性を認識するとともに，あらゆる他者を価値のある存在として尊重し，多様な人々と協働しながら様々な社会的変化を乗り越え，豊かな人生を切り拓き，持続可能な社会の創り手となることができるよう，その資質・能力を育成することが求められている」と、各学校段階の新学習指導要領解説総則編に登場するのと同様の記述が反復されているのである[註14]。

　その上で、先に「空洞」と指摘していた「よりよい社会」像や「よりよい教育」像の中身を埋めることに通じると解釈できる論点も、この新たな答申には看取できる。それは、1つには、格差問題への着目とその解決に向けた平等主義的視点であり、もう1つには、より包摂的（インクルーシブ）な社会、学校教育をめざそうとする視点である。

　格差問題に関しては、「基礎的・基本的な知識・技能 の習得が重要であることは言うまでもないが，思考力・判断力・表現力等や学びに向かう力等こそ，家庭の経済事情など，子供を取り巻く環境を背景とした差が生まれやすい能力であるとの指摘もあることに留意が必要である」という記述に、その課題意識が明記されている。ただし、これに続く一節、「『主体的・対話的で深い学び』を実現し，学びの動機付けや幅広い資質・能力の

育成に向けた効果的な取組を展開していくことによって，学校教育が個々の家庭の経済事情等に左右されることなく，子供たちに必要な力を育んでいくことが求められる」という記述には、やや注意が必要だろう。これは教育万能主義に足をすくわれかねない危険性を含んだ表現である。学校教育は、そうした社会経済的不平等に左右されずには済まない。こうした格差問題に関しては、所得の再配分政策、その他経済的支援を含む貧困対策等の様々な社会政策と連動して是正することが不可欠であることが明記されるべきである。

　包摂性（インクルージョン）の視点に関しては、「『令和の日本型学校教育』の構築に向けた今後の方向性」として掲げられた6つの要素の筆頭に、「(1) 学校教育の質と多様性，包摂性を高め，教育の機会均等を実現する」という見出しで掲げられている。この項目では「インクルーシブ教育システムの理念の構築」の必要性が明記され、そこで対象となる多様な教育ニーズを有する子どもたちとして、様々な障がいをもつ子どもたちだけでなく、性的マイノリティや外国につながる子どもたちの存在も含まれていることにくわえて、さらに、社会経済的指標の低い層も視野に収められている点も注目に値する。ここでは、「幼児期から高等教育段階までの切れ目のない形での教育の無償化・負担軽減や，教育の質の向上のための施策を着実に実施することが求められる」として経済的支援の重要性が強調されている。

　今回の答申において、この多様なニーズへの対応という点で重要な位置付けを与えられているのが「個別最適化された学び」と、これを支える、あるいはその可能性を拡げうるものとしてのICT環境の整備、そして、これらを統合的に推進する施策としてのGIGAスクール構想である。

　「個別最適化された学び」という表現は、2018年6月25日に経済産業省によって公表された「『未来の教室』とEdTech研究会の第1次提言」において初めて登場したものと見られる[註15]。ちなみに、EdTech（エドテック）とは、Education（教育）とTechnology（情報技術）を組み合わせた造語で、AIや動画、オンライン会話等のデジタル技術を活用した革新的な教育技法を指す用語として用いられている。この第1次提言が、経産省による「未来の教室」プロジェクトの端緒であった。この提言書における「個別最適化された学び」については、「もっと短時間で効果的な学び方」を可

能にするものとして「学びの生産性」という要因が特に強調されているように思われる。それに対して2019年6月25日公表の第2次提言では、「学びの自立化・個別最適化」という表現で、「個別最適化」が「自立化」という言葉と並列的に結合され、「一人ひとり違う認知特性や学習到達度等をもとに、学び方を選べる学び」という定義が与えられ、1.知識の習得は、一律・一斉・一方向授業から「EdTechによる自学自習と学び合い」へと重心を移行すること、2.幼児期から「個別学習計画」を策定し、蓄積した「学習ログ」をもとに修正し続けるサイクルを構築すること、3.多様な学び方（到達度主義の導入、個別学習計画の認定、ネット・リアル融合の学び方の導入）を保障するという指針が提起されている。

　文部科学省は、これらを受けて、2019年6月25日に「新時代の学びを支える先端技術活用推進方策（最終まとめ）」と題した政策指針を公表し、その中では、「誰一人取り残すことのない、公正に個別最適化された学び」という表現が用いられるようになった。この「最終まとめ」は、そのような学びの実現に向けて、新時代に求められる教育の在り方、及びICT環境を基盤とした先端技術やビッグデータを教育現場で活用する意義と課題について整理したとされている。これ以降、2019年12月に公表されたGIGAスクール構想や「未来の教室」ヴィジョン等では、「個別最適化された」という形容語句には、「公正」さらに、その具体的なイメージを表す「誰一人取り残すことのない」というフレーズが付加されることになる。ちなみに、この「最終まとめ」という政策指針は、中教審の関与は全くなく、2019年5月に公表された教育再生実行会議第十一次提言等を踏まえて、柴山文科相（当時）のリーダーシップのもとに公表された文書のようである。

　他方、2021年1月26日公表の中教審答申では、これらを踏まえながらも、それらとは対照的に、より教育学的な文脈に深く根ざして、1996年の中央教育審議会答申（第一次答申）以降の学習指導要領でも用いられている「個に応じた指導」という視点に「個別最適化」という理念が接続されるとともに、主に教育学者の加藤幸次が理論化した「個別化・個性化教育」の概念を用いて再定式化されているところが特徴的である[註16]。すなわち、この教育理論に依拠して、全ての子どもに確実に育成すべき資質・能力に関しては、子ども一人ひとりの特性や学習進度、学習到達度等に応じ、指導方法・教材や学習時間等の柔軟な提供・設定を行うことなどを「指導の

個別化」として、さらに、子どもの興味・関心・キャリア形成の方向性等に応じ、教員が子ども一人ひとりに応じた学習活動や学習課題に取り組む機会を提供することで、子ども自身が自らの学習を最適となるよう調整することを「学習の個性化」として再定義し、この両者を教員視点から整理した概念が「個に応じた指導」であり、この「個に応じた指導」を学習者視点から整理した概念が「個別最適な学び」であると定式化したのである[註17]。

　経産省ラインの定義とは異なる視点から、この「指導の個別化」と「学習の個性化」概念と接合するかたちで再定義された文科省バージョンの「個別最適な学び」が、今後どのように具体化あるいは更新されて、学習指導要領に書き込まれることになるのかという点に関しては、現時点で容易に予想できない。けれども、こうした議論が次期学習指導要領の策定に深く関係する可能性が十分に考えられる以上、「指導の個別化」や「学習の個性化」という概念に関して、改めてその意味を検討したり、今後の関係省庁における議論の展開に注目したりすることは、私たちが自分たちなりに次の時代の学校教育に関する構想を練っていく上で助けとなろう。

　その一方で、ICT環境の充実化を図るGIGAスクール構想に関しては、すでに推進されることが既定路線であるため、今回の中教審答申でも、「1人1台の端末環境」という言葉が頻出しており、これが上記の個別最適な学びに必要不可欠なツールとして位置付けられている。2019年度及び2020年度で総額4,610億円に上る補正予算が計上されており、これを用いた授業実践への対応が、学校現場で焦眉の課題となることは間違いない。くわえて、こうした動向が、格差の（拡大）再生産に帰結したり、一部の子ども・若者にとって包摂的というよりもむしろ排除的に機能したりしないようにするには、どのような措置が必要になるのかという点も、各現場における重要課題の1つになるだろう。

　最後に、今回の答申に示された目立った論点のうち、ここまででまだ扱えていない点を2つだけ取り上げておきたい。1つは、履修主義（年齢主義）と修得主義（課程主義）の扱いに関して、もう1つは小学校高学年における教科担任制の導入という指針に関してである。

　履修主義（年齢主義）は、一定年限の在学が進学や卒業要件になることを意味し、修得主義（課程主義）では、一定期間における個々人による一

定の学習状況や成果が進学や卒業の要件になることを意味する。直近の改訂学習指導要領では、資質・能力ベースの教育課程への転換が図られ、「何ができるようになるか」という視点が強調されるようになると、修得主義（課程主義）的観点を無視できなくなることは容易に想像がつく。また、個に応じた指導や個別最適化された学びという観点が前景化することによっても、様々な学習状況にある子どもたちを一律に扱う履修主義（年齢主義）だけでは立ち行かなくなる事態に直面することになるかもしれない。ただし、文科省は今回の答申で、履修主義（年齢主義）から修得主義（課程主義）への方向転換を提言しているのではなく、この二項対立を避けて、「履修主義・修得主義等を適切に組み合わせる」という表現で、従来の履修主義（年齢主義）を基本に据えながらも、修得主義（課程主義）的要素を部分的に取り入れる可能性について示唆しているにとどまっている。とはいえ、この点は、標準授業時数の各学校における扱いに影響を及ぼすことも考えられる。

　小学校における教科担任制の導入に関しては、高学年に導入を図る理由として、今回の答申では、次のような諸点が掲げられている。まず、小学校における学習指導の特長を生かしながら、中学校以上のより抽象的で高度な学習を見通し、系統的な指導による中学校への円滑な接続を図ることが求められるという点、次に、「1人1台端末」環境下でのICTの効果的な活用とあいまって、個々の児童生徒の学習状況を把握し、教科指導の専門性を持った教員によるきめ細かな指導が可能になるという点、さらに、教員の持ちコマ数の軽減や授業準備の効率化により、学校教育活動の充実や教員の負担軽減に資するという点である。

　たしかに、小学校における教科担任制の導入は、全教科にではなく、各学校・地域がその実情に合わせて一部特定の教科で導入することも考えられ、あくまで義務教育9年間を見通した効果的な指導体制の在り方を構築することの重要性が、この答申でも強調されている。しかし、教科担任制よりも、従来の学級担任制にメリットを見出す地域や学校が存在しても不思議ではなく、負担の軽減ということであれば、米国に見られるような学年専門制というしくみをアレンジして導入する方法（数年間同じ学年を連続で担当し、3〜4年でローテーションするなど）も授業準備の負担を軽減したり、授業力の向上を促したりする効果が考えられるとすれば、全国

のすべての地域・学校において横並びで教科担任制が導入されることがよいのかどうかは大いに疑問が残る。全国臨時休校措置であれ、こうした教科担任制の導入であれ、地域や学校の実情やそれに基づく現場の判断を十分に尊重した、柔軟な提案として示されるべきだろう。

3. 国の教育課程政策過程の変化とその課題

　去る2020年10月13日、自由民主党は、それまでの教育再生実行本部に替わる教育再生調査会の初会合を開いた。周知のように、教育再生実行本部は、当時の安倍総裁により第二次政権発足直後の2012年10月に総裁直属の組織として党内に設けられた組織だったが、これが廃止され、自民党の政策部会である政務調査会の下部に位置する部会横断的な一組織としての教育再生調査会に再編されたのである。他方で、内閣に首相直属の私的諮問機関として設置されることが2013年1月15日の閣議決定で決まった教育再生実行会議は、発足以来これまで第11次までに亘る提言を重ねてきたが、この組織は菅内閣でも、そのまま維持されることが決まり、現在も存続している。この教育再生実行会議の事務局である同担当室は文科省内に設置され、これらにより、政府－党－文科省の一体化が実現されることになった。教育再生実行本部が教育再生調査会に置き換えられても、この全体的構図に変化は生じないだろう。こうした体制が確立されることで、政府与党が政策アイデアの発信源となり、それが教育課程行政における政策過程に直接的に入り込むことになってきたのである。

　しかし、このような体制の成立に安倍総裁・内閣総理大臣が大きく関与したことは当然だが、ここに至るその土壌は2000年代に入ったころから積み上げられてきたものと言ってよい。こうした体制を背景として、経産省ラインの政策が教育課程行政に入り込むようになってきているのが現状であるわけで、そこに大きな危険性が存在することは間違いない。が、同時に、無視できない両義性を認める必要があるようにも思われる。以下、これまでの経緯と、本章筆者が有する現状認識を整理しておきたい。

　少なくとも1990年代前半頃までは、政府与党・自民党が政策アイデアの発信源になることは稀であった。教育政策の発信源の中心的なアクター

は文部官僚だったとされる。文部官僚が政策アイデアの創発過程において参考にしたのは（a）関係機関・団体からのヒアリングや会議、（b）調査研究、（c）審議会や懇談会の3つであったようだ。この頃までの国レベルの政策決定は、教育分野だけでなく他の分野でも、相対的に権力分流や合意（コンセンサス）を重視するしくみになっていた。中選挙区制は同一選挙区から複数の自民党当選者が生まれることになるため、自民党内部の派閥均衡が重視され、その分、相対的に内閣の力は抑えられることになった。また、党内部会・調査会における法案検討と、部会だけでなく総務会・政調会での全会一致を原則とする承認を経て党としての意思決定が図られた事前審査制が、合意型の政治を支えていた。要するに、自民党一党優位の状態で、連立政権ではなかったとしても、党内派閥内の関係が連立政権と等価的な機能を果たしていたのである註18。

　ところが、1990年代後半、そして2000年代に入るとトップダウン型の多数決型政治に転換を遂げていくことになる。1996年に内閣総理大臣となった橋本龍太郎の政権期から「官邸主導」の動きが始まり、首相主導の補佐体制を強化する行政改革が敢行され、2001年に小泉純一郎が政権の座につき、「自民党をぶっ壊す」との宣言のもと、派閥を無視した閣僚人事などを通じて「強い首相」を演じて以降、この傾向に拍車がかかった。これらは、各政権期のトップの意図と重なる部分があるのかもしれないが、そうした意図のなせる技というよりも、様々な構造変動や制度改革、あるいはメディアや世論の反応等々によって、意図せざる結果を含みつつ複合的に成立した事態であったと考えるべきであろう。

　ここでその構造変動や制度改革に関して緻密な分析を加えることは、筆者の手に余る。特に、リスク社会（ベック）における代表制の危機という要因は、論じるに値する重要な意味を持つであろうが、ここでそうした考察を展開する余裕はない。しかし、ごく大掴みに、少なくとも次のような諸事情を思い起こすことはできよう。

　1955年以降続いていた自民党一党優位の政治的布置の転換＝「55年体制の終焉」を象徴する出来事としてみなされたのが、1993年、日本新党代表細川護熙を内閣総理大臣とした連立政権の発足だった。この細川政権が優先的に取り組んだのが選挙制度改革であり、1994年の公職選挙法改正により小選挙区制（小選挙区比例代表並列制）に変更された。その時意

図されていたのは、中選挙区制度の背景にある派閥政治とそれに伴う「政治とカネ」（金がかかり過ぎる政治）問題を解消して、政治腐敗を是正することだった。こうした論調はマスメディアや世論も、基本的に支持するのが趨勢だったと言えるだろう。この選挙制度改革に、政治資金規正法改正（1994年）が重なり、党執行部による政治資金の配分と公認付与権とによって、首相（自民党総裁）が自民党内の派閥・族議員を抑え込むことを可能にする体制が出来上がることになったのである[註19]。

　もう1つは、省庁再編により2001年に内閣府が設置されたことである。それは、国民が選ぶことができない官僚が政策立案を主導するのではなく、国民が選挙を通じて代表として選ぶことができる政治家こそ政策の立案・決定をリードすべきだとする「政治主導」という理念が、当時、マスメディアを含め肯定的に受け止められる傾向が目立っていた中での措置であった。この内閣府の誕生から、首相が政策立案能力を持った強力なスタッフと、政策アイデアの発信源としての諸会議とを抱えることになる。そして、これ以降、先に触れた党内における全会一致を原則とする党内事前審査制が、重要案件に関しても省略される事態が生じ、トップダウン型の政治が強まることになった。これにくわえて、第二次安倍政権3年目の2014年に設置された内閣人事局が、中央省庁の幹部職員人事を一元管理するようになり、省庁幹部の官僚は、自らの専門性を発揮する上で、政治的中立性の担保よりも、時の政権に奉仕することに動機づけられる可能性が高い環境が立ち上がることになったのである。これが政権中枢への権力集中を促進することに帰結した[註20]。今や、批判的に語られるのは、「派閥政治」ではなく「忖度政治」になっている。

　この体制に対抗する代替案の考案は、困難であるもののいくつか提示されている[註21]。しかしながら、有力視されるアイデアが登場しているとは言えないように思われる。そもそも、それらの提言が耳目を引くためには、教育課程政策に、時の政権がトップダウン的に介入できるしくみを問題視する人々が相当数を占める必要があるだろう。それも道半ばという印象は拭えない。その意味で批判的議論や運動のさらなる活性化が必要不可欠であろう。

　ただし、再度強調しておくべきは、これらを主導した政権担当者個人の資質や意図に帰して、陰謀論的構図に陥らないように注意が必要だという

点である。このことは、最近、上に見てきた体制の確立を背景として、教育課程政策にかなり目立つ位置を占めるようになってきた経産省ラインの諸施策にも当てはまるように思われる。本節の終わりに、これに関しても簡略に触れておこう。

　先に紹介した経産省による「未来の教室」構想は、多くの左派的教育者・教育研究者にはかなり厳しい目で見られているのが実情と言っていいだろう。しかし、日本型EdTechの展開に関して最近公刊された学術的レヴュー論文を参照すると、「未来の教室」構想の評価も一筋縄ではいかず、むしろ、その構想が持つ両義性を精査した上で、批判すべき点は批判しながら、その肯定面をも分節化した上で、有意義な試行錯誤に関しては支援的に後押しするとともに、批判する側と批判される側が互いに対話の契機を失うことなく、両者を架橋する試みを模索していく必要があるのではないか[註22]。

　上記レヴュー論文によると、日本でEdTechを推進してきた主力は民間関連企業であるとみなすことができそうだが、その中心的なアクターたちは、単なる起業家ではなく「社会起業家」であったという点には着目してよいだろう。「社会起業（social entrepreneurship）とは、社会的課題をビジネスの手法で解決しようとする取り組みを指す。とくに行政のスリム化や市民のニーズの多様化により公共サービスが不足しており、かつ利益を重視する民間企業の進出も困難であるような領域がターゲットとなる。教育分野においては、学習環境をめぐる地理的・経済的な格差（教育格差）の存在である。この社会的課題に対して、情報技術を応用することで教育コストを下げ、教育格差を解消しようとしたのが日本型EdTechの起源」なのである[註23]。

　上掲のレヴュー論文では、日本におけるこの方面のパイオニア的存在となった社会起業家が、どのような格差や不利に直面している人々のために、どのような事業を開拓・展開したのか、その上で、そうしたEdTechと既存の企業はどのように合体して個別最適化の社会実験を試みるようになり、それがどのように国策に結びつき経産省と文科省の接近という現状に至ったのかといった諸点が明快に整理されている。むろん、公教育現場で長く携わってきた人々から見て、こうした動向が真に望ましい教育に結びつくのかどうかは、現時点では必ずしも明らかではない。しかし、どの国であ

ろうと、ICTというテクノロジーがすでに私たちの生活に不可欠なものとして確固たる位置を占めており、その教育分野へのさらなる浸透も不可避的かつ不可逆的であるとすれば、これまでの優れた教育実践や学校運営とEdTechとのより望ましい橋渡し、接合のあり方について、活発に議論していくことを視野に収めるべきであろう。

4. まとめにかえて：
「社会的に公正な教育（Socially Just Education）」のスケッチ

　欧米を中心に、1990年代後半以降、とりわけ今世紀に入って批判的な教育論の文脈で用いられることが増えてきた言葉の1つに、「社会的公正のための教育（Education for Social Justice）」がある。Justice（ジャスティス）には「正義」という訳語が当てられることが多いので、この言葉は「社会正義のための教育」と訳すこともできる。しかし、「正義」という日本語が、絶対的で無謬性を帯びた語感を有するように思われること（正義の味方！）、また、justiceを英英辞典（たとえばロングマン）で引くと、そこには "fairness"（フェアネス）=「公正さ」（フェア・プレーという時のフェアという形容詞の名詞形）という語義が示されていること、さらに、現代政治哲学のカノンとも言われるようになった『正義論（*A Theory of Justice*）』（原著1971年）を著した平等主義的リベラリスト、ジョン・ロールズ（John Rawls）が、「公正としての正義（Justice as fairness）」という概念を提起し、これをタイトルとした論文や著書を公刊していることもあるが、これらに加えて、本章では、タイトルに掲げているように、justiceの形容詞であるjustを用いてパラフレーズする際に、「正義」には直接対応する日本語の形容詞がないことから、「公正（な）」という訳語を採用している[註24]。

　では、なぜ本章では、わざわざ「社会的公正のための教育（Education for Social Justice）」を「社会的に公正な教育（Socially Just Education）」と読みかえようとするのだろうか。それは次のような理由からである。「社会的公正のための教育」という表現では、このような教育は「社会的公正（正義）」を実現するための手段というニュアンスを帯びてしまう。しかし、

もしその教育が「社会的公正」をめざすのであれば、その教育自体が「社会的公正」にかなったものでなければならないとは言えないだろうか。とすれば、「社会的に公正な教育」という表現を採用することによって、社会的公正の実現に向けた教育が、それ自体としても社会的に公正であるというニュアンスを含意することができるであろう。こうすることで、社会的公正をめざした教育と言いつつ、目の前の生徒の尊厳や人権を毀損する教育は認められないという批判的視点を、そこに組み込むことができるだろう。

　しかし、新学習指導要領における「よりよい学校教育」や「よりよい社会」という言葉の中身が「空洞」だと第2節で述べたことは、この「社会的に公正な教育」にも当てはまる。「よりよい学校教育」や「よりよい社会」という言葉を用いて教育に携わる人には、「よい」の内実を明確化する努力が必要であるということは、「社会的に公正な教育」という言葉を用いて教育に携わろうとする者にも言える。そこで、この中身を、非常に大雑把ではあるが、少しでも明確化する作業を試み、これまでの議論と結びつけて提示することが、この最終節の目的である。

　ロールズは上掲の『正義論』で「無知のベール」という興味深い思考実験のための有名な概念を提示している。これを暴力的に単純化して表すと次のようになる。ロールズは、同書において、1つの国の中での「公正（フェア）」な状態を考えていたので、その意味でもやや逸脱する解説になるが、お許しいただきたい。

　いま私たちは、この地球に生まれ落ちる前の状態にあるが、どのような環境のどのような属性をもって生まれてくるかは分からないようにベールを被らされているとしよう。そうすると、あなたは女性に生まれるかもしれないし、男性に生まれるかもしれないし、あるいは、なんらかの意味で性的マイノリティとして生まれるかもしれない。あなたは、ある種の障がいをもって生まれてくるかもしれないし、持たずに生まれてくるかもしれない。あなたは、日本に生まれてくるかもしれないし、ソマリアに生まれてくるかもしれない。あなたは、日本のこんな家庭に生まれてくるかもしれないし、あんな家庭に生まれてくるかもしれない。その時に、私たちが、どんな性として生まれても別に全然いいよ、あるいは、障がいを持って生まれてきてもいいよ、どこの国のどこに生まれてきても、どんな家庭に生

まれてきてもいいよ、ともし言えるなら、その社会・世界はすでに「公正さ・正義」にかなっている、それが実現されていることになろう。反対に、何かに関してそう言えないとすれば、その点では何らかの「不公正・不正義」が残っているということになろう。これが「無知のベール」という思考実験上の概念で、ロールズが示そうとしたことだと、極端には単純化できると思われる。

　私たちは、自分の今の社会的地位や、獲得した成功や名声などを、往々にして、自分の苦労や努力の成果だと考えるが、このロールズの考え方では必ずしもそうではない。それはそこに生まれ落ちたという「運」が大きいということになる。いわば「実力も運のうち」なのである。たとえば、努力できるということ自体が、社会的諸条件の産物なのである。したがって、そうした意味でどこに生まれたかによって生じる不平等が存在する限り、公正な社会の実現に向けて、累進課税やアファーマティブ・アクション、ポジティブ・アクション等々によって様々な不平等を是正するシステムが必要だということになろう。また、そうした理解に基づいて、他者に接する必要があるということになろう。

　厳密さを欠いた非常に素朴な説明ではあるが、このように示すだけでも、公正さの中身がわずかでも明らかになるとは言えないだろうか。こうした視点を共有できる教員であれば、学校での「できて当たり前」「それが普通」という水準のことを、ある子ども・若者ができないとしても、それを本人の責任としてのみ切り捨てることはないだろう。また、そうした子どもたちが、相対的に不利な条件を抱えているとすれば、そうした子どもたちやその家庭には、そのぶん分厚い支援が必要であるという判断のもとに様々な対策を講じようとするだろう。ロールズが平等主義的であると言われるのは、こうした事情によると言えるかもしれない。

　ここまでの叙述で、「公正さ」の中身に、その1要素として「平等主義」という要因が含まれることを示唆したことで、公正さの中身がさきほどよりも少し明確になってきたと言えないだろうか。とはいえ、この「平等」の内実に関しても様々な議論がある。上記のロールズの視点を、さらにシンプルなイメージによって共有できるように、今度は次のようなイラスト（図表5）に目を向けてみよう。左側のイラストでは、みんなが同じサポートを受け、その意味で平等に処遇されている。しかし、そこに必要なニ

ーズを満たせていない人が存在する。それに対して、中央のイラストでは、そこで必要な目標を達成できるように、諸個人に異なるサポートを与えられている。これが「公平」に処遇されていることを意味する。ロールズの平等主義は、この中央のイラストのイメージに近いと言えよう。これらに対して、右側のイラストでは、不平等の原因が処理され取り除かれているので、みんなが、何のサポートや配慮的調整も受けずに、そこで必要な目的を達成している。これは、いわば構造的障壁の除去に当たるだろう。これも平等主義的措置の一形態である。

出典：City for All Women Initiative. "Advancing equity and inclusion: A guide for municipalities." [PDF file] 2015年. https://www.cawi-ivtf.org/sites/default/files/publications/advancing-equity-inclusion-web_0.pdf （2021年2月18日閲覧）

図表5 平等（equality）vs 公平（equity）

　ここで、このそれぞれのイラストに該当する学校教育における処遇の具体例を挙げることまではしないが、本書の読者であれば、自らの経験に基づいて、いろいろと思い浮かべられるのではないだろうか。あるいは、このイラストを素材に、子ども・若者たちとその具体例について議論して、どんな学校や社会になるのが「よりよい」か、という点に関する考察を深めることもできるかもしれない。

　第1節における昨年度末から今年度にかけての振り返りの中では、複数の箇所で格差問題を取り上げざるを得ない局面があった。その局面における対応策を様々な水準で講じる際の基礎となる理念を明確化する上で、以上のような公正さや平等という概念に関する考察が一助になるのではないだろうか。こうした考察を様々な角度から重ねることで、「社会的に公正な教育」の輪郭が少しずつ明瞭になっていくように思われる。なるほど、

「社会的に公正な教育」という言葉が意味する内実について明確化する作業に終わりはないが、前節までに見た文科省が示した論点や、文科省が言及しているOECDのアイデアなども参照しつつ、「社会的に公正な教育」の概念的整理を先に進めたい。

　新学習指導要領においても注目されている資質・能力の教育課程への転換、すなわち、先進各国で共通に見られる後期近代、あるいは知識社会と呼ばれる状況への移行に伴って重視されるようになった汎用的スキルとしての「コンピテンシー」の育成に力点を置く教育への転換は、この要素だけがことさらクローズアップされると、大きな危険性を孕むと言わざるを得ない。知識基盤経済への転換に伴って労働者に求められる新たな資質・能力育成という新自由主義的な枠組に回収されることにしかならないという懸念が否定できないからである。

　そこで、以下では、コンピテンシー・ベースというコンセプトに、これとは別のキー・コンセプトを組み合わせることによって、対抗概念セットを提示し、「社会的に公正な教育」の全体像をより明確に分節化しておきたい。

　その最上位概念には「ウェルビーイング（well-being）」を据え、これを実現する学校教育を構成する要素として「インクルージョン」「コンピテンシー」「デモクラシー」という概念セットを据える。このウェルビーイングという概念が、教育の分野で広く注目を集めるようになったのは、OECDが実施したPISA2015において鍵概念として導入され、そこでこの概念に基づく調査項目が多く含まれ、その報告書第3巻（PISA 2015 Results［Volume Ⅲ］）が「児童・生徒のウェルビーイング（Students' Well-Being）」と題されて2017年に公表されたこと、さらに、その翌年の2018年にOECDが公表したポジション・ペーパー（方針書）「教育2030：教育と能力の未来（Education 2030: The Future of Education and Skills）」で、その教育構想の最上位概念にこのwell-beingが位置付けられたこと（図表6参照）が大きなきっかけになったと言えるかもしれない。

　この概念は、もともとインド出身のノーベル経済学賞受賞者で、ロールズの『正義論』を下敷きにした政治哲学的議論を精力的に展開してきたアマルティア・セン（Amartya Sen）から引かれたものだが、OECDは当概念をセンの理論体系に則して適用しているとは言えそうになく、文字通り

「よい状態にあること」「幸福」程度の比較的単純化した意味で用いている
と言えそうである。しかし、コンピテンシーという、「有能さ」を意味し、
日本では「資質・能力」と訳されて近年その重要性が強調されている概念
よりも上位にwell-beingという理念が位置づけられたことの意義は小さく
ない。OECDでさえ、その教育構想を学力・能力論に終始させていない
という点は、より広く認知されてよいだろう。あえて素朴な表現を用いる
ならば、この理念の導入によって、公教育現場において、また公教育を通
して、子どもたちが学力を身につけているかどうか以上に、ウェルビーイ
ングという状態（安全・安心で、楽しい、幸せな状態）になっているかど
うかが問われていると言えるからである。

　再度、図表5（P112）に戻ると、左のイラストでは、このウェルビーイ
ングという状態が達成されているようには見えない人がいる。中央のイラ
ストでは、一定の達成をみなが果たしているとは言えるが、細かく見れば、
同様にゲームを見るという機能は達成されているとしても、右のイラスト
の方が、一番右側の背の低い子どもの安全性はより高いように見える。こ
のようなごく単純な考察でも、その視点を学校現場の様々な場面に応用し
て再考することは可能だろう。

　ところで、この子どものウェルビーイングの実現のために、コンピテン
シーが不要だというわけではない。従来の学校教育で多く見られた断片的

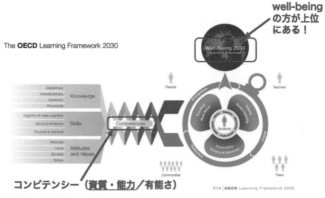

図表6 OECD 2030年に向けた学習枠組

個別的な知識の暗記を中心とするような学習から、主体的・協働的な創造的問題解決能力のようなスキルを獲得する機会を保障しようとする取組への転換を模索する試みの重要性は強調されてよい。こうしたスキルを構成する批判的思考力は、一労働者としてのみならず、一市民としてこの社会に参画していく上でも軽視できないと考えられるからである。

　しかし、変化の激しい時代を背景として展開されている新たなタイプの能力論の重要性を強調するだけでは、情報・知識基盤経済の雇用者に都合のよい労働力の育成に寄与するだけで終わりかねない。そこでは、子ども・若者が、平等主義を含む社会的公正に関心を持ち、そうした公正な社会の実現に寄与できる市民として巣立っていくことは必ずしも明確に意識されない蓋然性があるからである。その点で、「社会的に公正な教育」にとって、インクルージョン（包摂性）とデモクラシー（民主主義）という理念を欠くわけにはいかないように思われる。

　インクルージョンとは、多様な属性・背景を持つあらゆる子どもたちの存在が肯定・尊重されるとともに、他の人々と同様に人権や基本的な自由を享受・行使できる社会的空間が成立していることを意味する。そこでは、障がいの有無だけでなく、社会経済的な地位（socio-economic status）や人種・民族、ジェンダーやセクシュアリティなどの諸属性・背景に関して明示的な包摂が図られる。このような場では、あらゆる子どもたちがケアされ、安全に安心して楽しく学校生活を送ることができるだろう。再び図表5に戻るなら、左のイラストに比べて、中央、さらに右側は、インクルージョンの度合いが高い空間になっていると見做すこともできるだろう。

　第1節で見た格差問題の解決や様々なマイノリティの尊重という課題は、広い意味でこのインクルージョンというカテゴリーに含まれる要素である。本稿でいう「社会的に公正な教育」の実現を図るには、このような社会的不平等の是正、すなわち、社会的により不利な境遇にある人々への分厚い支援の重要性を強調した教育政策・行政、学校運営、授業実践・生徒支援が、マクロ・メゾ・ミクロ各レベルで明示的・優先的に展開されるように教育運動をさらに推進していく必要があろう。

　他方、デモクラシーとは、クラス・学校における子どもの自己決定・自治活動が重視されるとともに、民主的な学校運営（ボトムアップ型の対話的な集団的意思決定や保護者・地域住民の学校参加,学校運営上の重要な

意思決定における子ども参加）が実現され、学校教育と学校外のオーセン
ティックな政治的・社会的諸問題との接合も図られることを指している。

　第1節で見た現代社会における民主主義の危機を、子ども・若者がどう
受け止めて、社会参加に向けて考えたり行動したりできるようになれるか
という課題は、当然このデモクラシーというカテゴリーに関わっている。
ただし、それはそのような学校外部のリアルな社会との関係の問題である
だけではない。学校の中の自分たちの生活やそれを支えるルールを自分た
ちで作ることができ、自分たちで話し合いながら作り直すことができると
いう経験も重要なデモクラシーの要素である。ブラック校則やブラック部
活が残存する中で「主体的・対話的で深い学びの実現」などと唱えられる
とすれば、それは形容矛盾とさえ言える。

　以上のように、子ども・若者のウェルビーイングに資する学校教育をめ
ざすには、コンピテンシー育成やそのための教育方法改革（アクティブ・
ラーニング）論議に終始せず、あるいはそれ以上に、学校におけるインク
ルージョン、デモクラシーの進展を図る「社会的に公正な教育」の実現に
向けた持続的な取組が必要ではなかろうか。

　最後に、こうした「社会的に公正な教育」に近づく上で、つまり、その
ような学校空間や教室空間を現場レベルで構築していく上で、意識されて
よいと筆者が考える実践的指針として、次の3点を挙げておきたい。それ
ぞれが順に、コンピテンシー、インクルージョン、デモクラシーに深く関
連するが、その全てに関わる視点も含まれる。

　第1に、今、目の前にいる子ども・若者が持っている知識や経験を最大
限に生かす方策を探るということである。現代社会において、簡単な答え
が存在しない問題について考え、それを解決しようとすることができるよ
うな能力とは、きわめて高度で複雑なものだから、基礎知識のない子ど
も・若者にはまず基礎の習得を図ってからでないと育成は難しいとか、深
い学びを実現するには、その基礎となる知識・技能が不可欠だという考え
方は多くの現場に色濃く残っている。むろん、これが全て間違っているわ
けではない。しかし、別の考え方もできよう。

　私が研究したアメリカのある実践事例では、street savvy（ストリート・
サヴィ＝ストリート的賢さ）と呼ぶ知恵を自分のクラスの子どもが持って
いることに着目し、それを肯定的に捉えて生かそうとする教員がいた。つ

まり、旅行者やよそ者なら昼間でも出入りするのが危ないからそこには行くなと言われるようなストリートでの賢い生き残り方を知っている子どもといえば、一般に学校での素行はよくなく、成績も低く、否定的な評価しか受けないことが多いかもしれない。しかし、シカゴのある街で、ほぼ全てがそういう子どもたちからなるクラスを受け持ったその教員は、そういう子どもたちとともに取り組んだ総合的な学習において、子どもたちの自主性に任せることを恐れながらも、時に思い切って手綱を緩め、子どもたちの主体的な学びを引き出していった。この教員は、まず基礎知識を、という方策はとらず、徹底して子どもたちの持っているものを生かそうとしたのである。その子どもたちは、その子どもたちなりに学校以外の場で神経を使い、その子なりの知恵を培っているとも言える。その子どもたちとの対話を通して、この教員は、そのストリート・サヴィを肯定し生かす道を見出していった。その果てに、その学校を知る人なら想像もできないことだが、プロジェクト・シチズンという市民性教育の全米規模の推進団体から優秀賞を勝ち取ったのである[註25]。

　第2に、学校の中に様々なかたちで「緩さ」を持ち込むことである。子どもの主体性を生かすということは、直前でも触れたように、子どもに対するコントロールを緩めることを意味する。主体的な学びの実現には、その意味で緩さが不可欠になる。つまり、試行錯誤を認める、その意味で失敗やサボることも許容するということである。私たちも大人として教員として、サボってしまうことはたくさんあるだろう。しかし、これ以上サボるとまずいという判断をもって必要な作業に戻る、計画を練り直すことができるという能力は、叱られ注意されてそれに従っているだけでは自らのものとすることは難しく、自らの（痛みを伴う）経験も通じてはじめて身につけるものではないだろうか。

　また、マジョリティが「普通」「あたり前」として設定している基準を「緩める」ことが、包摂性（インクルージョン）の度合いを高める可能性が十分に考えられる。たとえば、いわゆる「置き勉」を許すことは、忘れ物が極端に多い子どもは特に助かるかもしれない。あるいは、学校内居場所カフェのような、評価的視線から解放された「緩い」空間と時間が、学校の一部に現れると学校全体の空気がほぐれるという例も多く見られる[註26]。

　さらに、デモクラシーとは、少数の権力者が全体を統制するのではなく、

みんなが属している社会や集団をみんなで話し合いながら、自発性に基づいてつくっていくことを意味するとすれば、学校を卒業して一般社会に出る前に、自分たちの参加する企画や自分たちを縛る規則を自分たちで作り、作り変えるという経験をしたことがない子ども・若者たちが、社会に出て、自分たちの属するコミュニティや国家を自分たちで作り直そうと思える可能性は非常に低くなるだろう。よって、子どもたちの市民性教育として有権者教育的なものも一定の意味はあるだろうが、たとえば、文化祭や体育祭を子どもたち自身が主導して企画し実行するという経験も同様に重要な位置付けを与えられてよいのではないだろうか。ここでも、子どもたちに任せ、その失敗をある程度許容しつつ自立解決を支えていくという意味で「緩さ」の実現に力点が置かれてよかろう。

　ここで注意しておくべきは、このような「緩さ」を教育の中に持ち込むことは、指導者・支援者側には、それだけ丁寧で繊細な配慮や明確な見通しが必要になるだけでなく、子ども・若者に任せることの不安を飼いならせるようにならなければならないので、その意味での「きつさ」を引き受けなければならない可能性が高いということである。それだけに教員側には、労働条件としての一定の余裕と、同僚性（つながりによる支え合い）が不可欠になるだろう。

　第3に、あらゆる水準でボトムアップの意思決定や柔軟な対応が可能な裁量範囲を、統括者・管理者・責任者の側が奨励していくことで、デモクラティックな組織・集団の育成を図ることである。下位者を一律に自らに従わせようとする上位者や、上の指示を仰ぐことを優先し横並びの対応をしようとする下位者がデモクラシーの実現に寄与することはないだろう。

　文科省が教育を統括する中央省庁として、あれだけ緻密に構成された学習指導要領やその解説を発行することの意義は認めざるを得ないが、その記述が方法論的側面にまで及び、もはや大綱的とは呼びにくくなりつつある今日、部分的にではあれ戦後直後と同様に、この学習指導要領を「手引き」扱いにすることが検討されてよいのではないだろうか。

　また、教育委員会は各学校を、各学校の校長はその教員陣を、各教員は子ども・若者たちを、上位者によるトップダウン型の強力なリーダーシップによってではなく、下位者によるボトムアップによる意思決定の経験を積ませ、その能力を高め、そうした下位者との丁寧な対話を重ねてその組

織・集団を育てていくことが求められてよいのではないだろうか。

　もちろん、主体性を上から育成する、つまり自主性を育成するパターナリズムとは1つの矛盾、あるいはパラドクス（逆説）ではある。しかしながら、民主主義の醸成にはこれは不可避であるように思われる。それでも上位に立つ者はその対話の中で、意思決定を委ねた下位者との対話を通じて、そこから多くを学ぶことも可能だろう。そのような民主的な組織論・集団づくりが、様々なレベル・程度で模索されることが望まれる。そもそも近年の学術研究では、学校で有効に機能するリーダシップの形態は、「分散型リーダーシップ」（これはデモクラシーの理念と親和性が高いと言える）であることを示していることが銘記されるべきであろう註27。

〔註〕
1　佐藤明彦『教育委員会が本気出したらスゴかった。コロナ禍に2週間でオンライン授業を実現した熊本市の奇跡』時事通信出版局、2020年
2　同様の指摘は、本章冒頭で触れた文部科学省「『令和の日本型学校教育』の構築を目指して〜全ての子供たちの可能性を引き出す，個別最適な学びと，協働的な学びの実現〜（答申）」にも見られる（pp.24-25）。
3　小林明子「『オンライン授業はできます』広島県教育長に聞いた、"3種の神器"のそろえ方」『BuzzFeed News』、2020年5月2日　https://www.buzzfeed.com/jp/akikokobayashi/rie-hirakawa（2021年2月2日閲覧）
4　小林庸平・西畑壮哉「新型コロナは教育格差にどのような影響を及ぼしたのか？」『特別コラム：新型コロナウイルス−課題と分析』独立行政法人経済産業研究所、2020年10月19日　https://www.rieti.go.jp/jp/columns/a01_0617.html（2021年2月2日閲覧）／小林庸平・西畑壮哉・横山重宏・野田鈴子・池田貴昭・石川貴之「新型コロナウイルス感染症によって拡大する教育格差」三菱UFJリサーチ＆コンサルティング政策研究レポート、2020年8月21日　https://www.murc.jp/report/rc/policy_rearch/politics/seiken_200821/（2021年2月2日閲覧）
5　氏岡真弓「休校中のオンライン教育　保護者の収入や学歴で格差」『朝日新聞デジタル版』、2020年9月19日　https://digital.asahi.com/articles/ASN9L6J2LN9KUTIL03S.html（2021年2月2日閲覧）
6　松岡亮二『教育格差　階層・地域・学歴』ちくま新書、2019年
7　山下知子「『教育格差』を著した松岡亮二・早大准教授『9月入学で学力格差は埋まらない』」『朝日新聞EduA』、2020年5月7日　https://www.asahi.com/edua/article/13349367（2021年2月2日閲覧）
8　宇野重規「『執行権を民主的にどう統制できるか』立憲主義だけでは日本政治はよくならない」『東洋経済オンライン』、2021年2月18日　https://toyokeizai.net/articles/-/411737（2021年2月18日閲覧）
9　松澤裕作「日本学術会議会員の任命拒否について私の考えるところ」『researchmap研究ブログ』、2020年10月4日　https://researchmap.jp/blogs/blog_entries/view/79653/5485ca10327817ef9bb1c8b64b752d95?frame_id=663931（2021年2月2日閲覧）

10 宇野重規『民主主義とは何か』講談社、2020年

11 「森喜朗会長の3日の"女性蔑視"発言全文」『スポニチアネックス』、2021年2月4日 https://www.sponichi.co.jp/sports/news/2021/02/04/kiji/20210204s00048000348000c.html （2021年2月18日閲覧）

12 公立学校の校長に女性が占める割合を見てみると、2019年時点でも、小学校校長で20.6%、中学校校長、高等学校校長で、それぞれ7.4%、7.5%に過ぎない。次を参照。文部科学省「平成30年度公立学校教職員の人事行政状況調査について 5－6 校長・副校長・教頭に占める女性の割合」 https://www.mext.go.jp/content/20191224-mxt_zaimu-000003245_50600.pdf（2021年2月18日閲覧）

13 この点は、たとえば、小中高全ての学習指導要領解説総則編に見られる「変化が激しく予測困難な時代の中でも通用する確かな学力を身に付ける」という文言や、「『思考力，判断力，表現力等』は、社会や生活の中で直面するような未知の状況の中でも、その状況と自分との関わりを見つめて具体的に何をなすべきかを整理したり、その過程で既得の知識や技能をどのように活用し，必要となる新しい知識や技能をどのように得ればよいのかを考えたりするなどの力であり、変化が激しく予測困難な時代に向けてますますその重要性は高まっている」という一節にも読み取れる。

14 文部科学省「『令和の日本型学校教育』の構築を目指して～全ての子供たちの可能性を引き出す，個別最適な学びと，協働的な学びの実現～（答申）」p.3

15 ただし、この「第1次提言（案）」は、2018年6月4日開催の「第4回『未来の教室』とEdTech研究会」で提示されており、それに先立つ2018年5月7日「第3回『未来の教室』とEdTech研究会」におけるゲストスピーカーの1人山口文洋（リクルートマーケティングパートナーズ代表取締役社長・当時）の報告とこれに基づく委員たちによる議論に、その萌芽が見て取れる。

16 加藤幸次・安藤慧編『講座 個別化・個性化教育（1）個別化・個性化教育の理論』黎明書房、1985年

17 こうした再定式化には、中教審教育課程部会委員を務める教育学者奈須正裕による2020年7月27日に開かれた部会での発表内容が大きく影響しているとみなすことができる。次を参照。中央教育審議会初等中等教育分科会教育課程部会「教育課程部会（第118回）配付資料 資料1 奈須委員発表資料」https://www.mext.go.jp/content/20200727-mxt_kyoiku01-000008845_2.pdf 及び「同奈須委員当日説明資料」https://www.mext.go.jp/content/20200727-mxt_kyoiku01-000008845_4.pdf（2021年2月18日閲覧）

18 村上祐介「政権交代による政策変容と教育政策決定システムの課題（教育政策形成プロセスの変容と教育行政，1年報フォーラム）」『日本教育行政学会年報』39、2013、pp.37-52／村上祐介「2 国の教育行政組織と教育政策過程」、勝野正章・村上祐介著『教育行政と学校経営 新訂』放送大学教育振興会、2020年、pp.25-38／広田照幸「教育課程行政をめぐるポリティックス：第二次安倍政権下の教育改革をどうみるか」『教育學雑誌』第50号、2014、pp.1-15

19 広田、前掲論文

20 村上、前掲論文；前掲書／広田、前掲論文

21 同上

22 井上義和・藤村達也「教育とテクノロジー――日本型EdTechの展開をどう捉えるか？」『教育社会学研究』第107号、2020、pp.135-162

23 同上

24　ロールズに関する研究書や論文、一般向け解説書は膨大で、日本ではその代表的な研究者・解説者として川本隆史の名前がまず思い浮かぶが、ここでは超入門編として、次の子ども・若者用新書の最終章をお勧めしておこう。岩田靖夫『ヨーロッパ思想入門』岩波書店、2003年

25　ブライアン・D・シュルツ「第3章『気持ち・わかってくれてんじゃん：カブリニ・グリーンにおける民主主義とカリキュラム」、マイケル・W・アップル、ジェームズ・A・ビーン編著／澤田稔訳『デモクラティック・スクール：力のある学校教育とは何か』ぎょうせい／上智大学出版、2013年

26　居場所カフェ立ち上げプロジェクト 編著『学校に居場所カフェをつくろう！──生きづらさを抱える高校生への寄り添い型支援』明石書店、2019年

27　篠原岳司「分散型リーダーシップに基づく教育ガバナンスの理論的再構築（〈特集〉地方自治における教育と政治）」『教育学研究』80巻2号、2013年、pp.185-196／露口健司「学校組織における授業改善のためのリーダーシップ実践──分散型リーダーシップ・アプローチ──」『愛媛大学教育学部紀要』第58巻、2011年、pp.21-38

〔執筆者〕
一般財団法人教育文化総合研究所
〔コロナ危機と学校教育構想プロジェクトチーム〕

中田正敏（なかた・まさとし）
一般財団法人神奈川県高等学校教育会館教育研究所代表、かながわ生徒・若者支援センター共同代表、元神奈川県立田奈高等学校長。共著に『学校に居場所カフェをつくろう！生きづらさを抱える高校生への寄り添い型支援』（明石書店）、翻訳に Patty Lee 著『教師のチームワークを成功させる6つの技法 あなたから始めるコミュニケーションの工夫』（誠信書房）など。

菊地栄治（きくち・えいじ）
早稲田大学教育・総合科学学術院教授。一般財団法人教育文化総合研究所所長。専門は教育社会学。著書に『希望をつむぐ高校－生徒の現実と向き合う学校改革』（岩波書店）、『他人事≒自分事－教育と社会の根本課題を読み解く』（東信堂）など。

澤田稔（さわだ・みのる）
上智大学総合人間科学部教授。専門はカリキュラム・教育方法論、比較教育学。共著に『現代カリキュラム研究の動向と展望』（教育出版）、『検証 新学習指導要領－ゆたかな学びの創造にむけて－』（アドバンテージサーバー）など。

田中真秀（たなか・まほ）
大阪教育大学教育学部特任准教授。専門は教育行政学、教育財政学。共著に『予算・財務で学校マネジメントが変わる』（学事出版）、『教育の制度と学校のマネジメント』（時事通信社）など。

末冨芳（すえとみ・かおり）
日本大学文理学部教育学科教授。専門は教育行政学、教育財政学。著書に『教育費の政治経済学』（勁草書房）、編著に『子どもの貧困対策と教育支援－より良い政策・連携・協働のために』（明石書店）など。

新たな学びの構築へ
──コロナ危機から構想する学校教育──

発行日　2021年5月25日　第1版第1刷

編著者　中田正敏　菊地栄治　澤田稔　田中真秀　末冨芳
　　　　一般財団法人教育文化総合研究所
　　　　〔コロナ危機と学校教育構想プロジェクトチーム〕

発行者　則松佳子
発行所　株式会社　アドバンテージサーバー
　　　　〒101-0003 東京都千代田区一ツ橋2-6-2 日本教育会館
　　　　TEL：03-5210-9171　FAX：03-5210-9173
　　　　URL：https://www.adosava.co.jp
　　　　印刷・製本：シナノ印刷株式会社

ISBN 978-4-86446-074-3　C1037　¥700E